Troubleshooting und Monitoring von Exchange und Office 365

Best Practices, Tools, SCOM 2012 R2 und HowTos

Vorwort

In diesem kleinen Buch zeige ich Ihnen zahlreiche Tricks, Anleitungen und Tools zur Überwachung und Fehlerbehebung von Exchange und Office 365. Im Fokus des Buches steht Exchange Server 2013. Viele Tools und Anleitungen funktionieren aber auch in den Vorgängerversionen. Das Buch kann und soll keine umfassende Anleitung zu Exchange sein. Dazu finden Sie beim Buchhändler Ihres Vertrauens mein Handbuch zu Exchange Server 2012 bei O'Reilly.

In meinem Handbuch finden Sie zahlreiche Lösungsansätze und Anleitungen zu Exchange. Dieses Buch hier erweitert die Möglichkeiten und zeigt neue Anleitungen etwas umfassender, die bisher in meinem Handbuch keinen Platz gefunden haben.

Auf meinem Blog finden Sie zahlreiche Links zu weiteren Artikeln, Büchern und Videotrainings. Viele stehen kostenlos zur Verfügung, andere kosten etwas Geld. Alle haben aber eines gemeinsam: Sie lohnen sich und wurden von einem Praktiker für Praktiker erstellt:

http://thomasjoos.wordpress.com

Ihr Thomas Joos

Bad Wimpfen, im März 2015

Exchange-Reparaturinstallation durchführen

Funktionieren Systemkomponenten in Exchange 2013 nicht, können Sie eine Reparatur-Installation durchführen. Bei diesem Vorgang werden keine Daten gelöscht, sondern nur die Systemdateien repariert. Die Installation dazu nehmen Sie in der Befehlszeile vor. Wechseln Sie dazu in das Verzeichnis mit den Installationsdateien von Exchange Server 2013, oder dem entsprechenden Servicepack oder CU, welches Sie installiert haben. Die Reparaturinstallation starten Sie mit:

Setup /m:upgrade /IAcceptExchangeServerLicenseTerms

Exchange überprüft den Server und versucht dann Systemkomponenten zu reparieren.

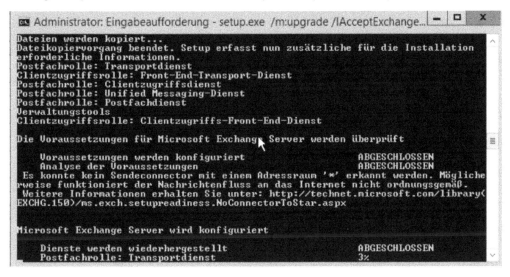

Exchange mit Zusatztool-Exchange Reporter überwachen

Mit dem kostenlosen Tool Exchange Reporter 2013 (http://www.frankysweb.de/exchange-reporter-2013) können Sie Server auf Basis von Exchange Server 2013 überwachen. Das Tool sendet regelmäßig per E-Mail einen Bericht, der Statistiken zur Nutzung, aber auch zur Sicherheit der Umgebung enthält. Der Entwickler stellt auch ein kostenloses Tool für Exchange Server 2010 zur Verfügung (http://www.frankysweb.de/neue-exchange-reporter-2010-version).

Im nächsten Abschnitt gehen wir darauf ein, wie Sie das Tool auf Servern mit Exchange Server 2013 installieren und einrichten. Der Vorteil des Tools ist, dass Sie es nicht installieren müssen. Es handelt sich dabei um ein PowerShell-Skript. Dieses laden Sie auf die Exchange-Server und führen es über eine geplante Aufgabe aus. Wenn Sie das Tool nicht mehr verwenden wollen, entfernen Sie die geplante Aufgabe und löschen das Tool einfach vom Server. Der Bericht des Tools zeigt wichtige Informationen der Exchange-Umgebung an, aber auch Fehler in der Ereignisanzeige und fehlende Patches. Weitere Informationen zur Einrichtung finden Sie auch in der PDF-Datei, die zu diesem Tool gehört.

Quelle	Zeitpunkt	Häufigkeit	Meldung
MSExchangeDiagnostics	14.08.14 12:40:09	194	Der Leistungsindikator '\\X2K13SP1\LogicalDisk(C:)\Free Megabytes' hatte während des 15-minütigen Intervalls mit Start bei '14.08.2014 10:25:00' einen Wert von '84.530,00'. Weitere Informationen: None...
MSExchange Common	14.08.14 11:55:57	105	Fehler beim Aktualisieren eines Leistungsindikators. Der Indikatorname lautet 'Number of items in Malware Fingerprint cache', der Kategoriename ist 'MSExchange Anti-Malware Datacenter Perfcounters'. O...
MSExchangeIS	13.08.14 02:16:30	10	Exchange Server Information Store has encountered an error while executing a full-text index query ("and(subject:string("SearchQueryStxProbe*", mode="and"), folderid:string ("65F3F647C5E7AF4D836D44FC56...
MSExchange AuditLogSearch	14.08.14 11:54:02	8	Laufzeitausnahme im Arbeitsprozess von 'AuditLogSearchServicelet' beim Verarbeiten einer Anforderung. Ausnahme: Microsoft.Exchange.Data.Storage.MailboxOfflineException: Das Postfach /o=Toparis/ou=Ex...
MSExchangeDiagnostics	14.08.14 11:50:35	5	Der EDS-Auftrags-Manager konnte folgende Aufträge nicht starten: Job: 'TransportSyncHealthHubLog' is poisoned.
MSExchangeRPC	14.08.14 11:51:55	5	Microsoft Exchange RPC-Dienst-Manager hat beim Starten einen unerwarteten Fehler erkannt. Fehlerdetails: Der Wartevorgang wurde abgebrochen (258)
MSExchange Common	13.08.14 11:10:21	4	MSExchangeHMHost: Fehler beim Erstellen des Protokollverzeichnisses: D:\MonitoringDiagnosticLogs\MSExchangeHMHost aufgrund von Fehler: Ein Teil des Pfades "D:\" konnte nicht gefunden werden.. Es werde...
MSExchange Certificate Notification	13.08.14 11:15:02	4	A transient failure has occurred. The problem may resolve itself. Diagnostic information: Microsoft.Exchange.Data.DataSourceOperationException: The request failed. Timeout für Vorgang überschritten...
MSExchangeRepl	14.08.14	3	Active Manager konnte die Datenbank 'Mailbox Database 1777021107' nicht auf dem Server 'x2k13sp1.toparis.de' einbinden. Fehler: Bei einem Active Manager-Vorgang ist ein vorübergehender

Exchange-Reporter installieren und einrichten

Nach dem Download extrahieren Sie die ZIP-Datei und kopieren das ganze Verzeichnis auf den Exchange-Server. Verwenden Sie am besten einen einfachen Namen, da Sie diesen später auch in dem Skript anpassen müssen.

Bevor Sie das Tool verwenden können, müssen Sie erst Anpassungen in der Datei *settings.ini* vornehmen. Diese befindet sich im gleichen Verzeichnis, wie die PS1-Datei. Zum Download des Tools gehört auch eine umfassende PDF-Datei. In dieser sind alle Möglichkeiten ausführlich beschrieben. Nachfolgend zeige ich Ihnen, welche Einstellungen die wichtigsten sind.

Im ersten Schritt geben Sie bei *Recipient* die E-Mail-Adresse an, zu welcher der Bericht gesendet werden soll. Dabei kann es sich um einen normalen Empfänger handeln, einen externen Kontakt, aber auch um einen öffentlichen Ordner, eine Verteilerliste, oder eine Bibliothek auf SharePoint-Servern oder in Office 365.

Bei *Sender* legen Sie die *Absendeadresse* des Berichtes fest. In produktiven Umgebungen sollten Sie für solche Vorgänge am besten ein eigenes Benutzerpostfach anlegen. Sie können an dieser Stelle aber auch ein bereits vorhandenes Postfach verwenden.

Bei *Mailserver* tragen Sie die IP-Adresse des Servers ein, über den der Bericht gesendet werden soll. Das kann ein Exchange-Server im internen Unternehmen sein, aber auch ein SMTP-Server im Internet. In den nächsten drei Spalten legen Sie die Authentifizierung für das Versenden fest. Arbeiten Sie mit einem lokalen Postfach auf dem Exchange-Server, ist keine Authentifizierung notwendig.

In der Zeile *Subject* legen Sie den Betreff der E-Mail an und bei *Interval* legen Sie fest, in welchem Zeitraum der Bericht gesendet werden soll. Bei der Einstellung „7" wird der Bericht einmal in der Woche gesendet.

Im unteren Bereich sind die einzelnen PowerShell-Skripte zu sehen, die aus der Exchange-Umgebung Daten auslesen. Sie haben hier die Möglichkeit die Reihenfolge zu ändern oder einzelne Module zu entfernen. Auch das Hinzufügen eigener Skripte und Befehle ist möglich, aber nur optional. Haben Sie die Datei gespeichert, können Sie einen ersten Test durchführen. Wie Sie dabei vorgehen, zeigen wir nachfolgend.

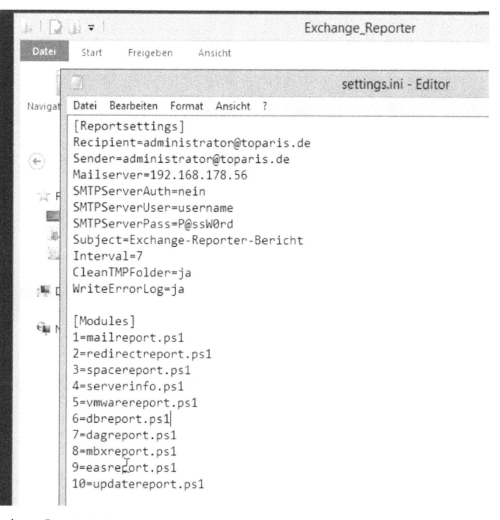

Exchange-Reporter testen

Haben Sie die Einstellungen in der Datei *settings.ini* vorgenommen, kopieren Sie das komplette Verzeichnis auf den Exchange-Server, wenn das noch nicht geschehen ist. Danach können Sie einen ersten Bericht manuell starten.

Öffnen Sie die PowerShell und wechseln Sie in das Verzeichnis mit der Datei *New-ExchangeReport.ps1*. Alternativ führen Sie das Skript im Windows-Explorer über das Kontextmenü aus. Führen Sie die Datei aus und geben Sie danach den Pfad an, in dem sich das Tool befindet. Danach erstellt die Datei den Bericht, und Sie sehen dessen Ausführung im Fenster.

```
                          Exchange Reporter 2013
                          www.FrankysWeb.de

                          Version: 1.2
--------------------------------------------------------------
Prüfe auf Powershell Version 4.0: OK
Lade Funktionen aus Include-Functions.ps1: Fertig
Lade Einstellungen aus settings.ini: Fertig
Erstelle temporäres Verzeichnis: Fertig
Lade Exchange Snapin: Fertig
Lade .NET Assemblies: Fertig
Lade globale Variablen: Fertig
--------------------------------------------------------------
Verarbeite Modul 'mailreport.ps1': Fertig
Verarbeite Modul 'updatereport.ps1': Fertig
Verarbeite Modul 'redirectreport.ps1': Fertig
Verarbeite Modul 'spacereport.ps1': Fertig
Verarbeite Modul 'serverinfo.ps1': Fertig
```

Erhalten Sie für einzelne Module im Skript einen Fehler, zum Beispiel wenn Sie Exchange nicht mit VMware virtualisieren, entfernen Sie einfach das entsprechende Modul aus der PS1-Datei. Funktioniert der Befehl, finden Sie im entsprechenden Postfach den Bericht. Sie können jetzt die Ausführung auch automatisieren.

Geplante Aufgabe für Exchange-Reporter erstellen

Um den Bericht automatisiert zu starten, öffnen Sie die Verwaltung der geplanten Aufgaben. Suchen Sie dazu am besten auf der Startseite nach „Aufgabe". Im Fenster zur Konfiguration der Aufgabe klicken Sie danach auf *Einfache Aufgabe erstellen*. Geben Sie der Aufgabe einen Namen.

Bei *Trigger* verwenden Sie die wöchentliche Ausführung. Die Auslösung durch den Trigger muss der Einstellung *Interval* in der Datei *settings.ini* entsprechen. Wollen Sie täglich einen Bericht, müssen Sie den *Interval* auf „1" stellen und den Trigger der geplanten Aufgabe auf *Täglich*.

Aufgabentrigger

Einfache Aufgabe erstellen
Trigger
Aktion
Fertig stellen

Wann soll die Aufgabe gestartet werden?

- ⦿ Täglich
- ◯ Wöchentlich
- ◯ Monatlich
- ◯ Einmal
- ◯ Beim Start des Computers
- ◯ Beim Anmelden
- ◯ Bei Protokollierung eines bestimmten Ereignisses

Anschließend legen Sie noch fest an welchen Wochentagen und zu welcher Uhrzeit der Bericht erstellt werden soll. Als *Aktion* legen Sie bei *Programm/Skript* den Befehl *powershell.exe* fest. Bei *Argumente hinzufügen* tragen Sie die folgende Zeile ein:

-Command „&`<Pfad in dem sich das Skript befindent>\<New-ExchangeReporter.ps1`-installpath `<Pfad in dem sich das Skript befindet>`

Die Zeile finden Sie auch in der PDF-Datei, die sich im Installationsverzeichnis des Skriptes befindet. Auf der letzten Seite erhalten Sie eine Zusammenfassung der Eingabe. Aktivieren Sie hier noch die Option *„Beim Klicken auf „Fertig stellen", die Eigenschaften für diese Aufgabe öffnen"*.

 Zusammenfassung

Einfache Aufgabe erstellen
Trigger
   Wöchentlich
Aktion
   Programm starten
Fertig stellen

Name:	Exchange-Reporter weekly
Beschreibung:	
Trigger:	Wöchentlich; Wöchentlich um 12:54 Uhr jeden Donnerstag, beginnend mit
Aktion:	w-ExchangeReport.ps1' -installpath 'C:\Program Files\Exchange_Reporter'

☑ Beim Klicken auf "Fertig stellen", die Eigenschaften für diese Aufgabe öffnen
Wenn Sie auf "Fertig stellen" klicken, wird die neue Aufgabe erstellt und dem Windows-Zeitplan hinzugefügt.

Anschließend öffnen sich die Eigenschaften der Aufgabe. Aktivieren Sie die Option *Unabhängig von der Benutzeranmeldung ausführen,* und speichern Sie die Aufgabe. Geben Sie Benutzername und Kennwort ein, mit dem die Aufgabe starten soll. In der Aufgabenplanungsbibliothek wird die Aufgabe angezeigt. Über das Kontextmenü können Sie einen ersten Test starten.

Exchange-Monitor - Mail-Versand und -Empfang überwachen

Der Entwickler des Exchange-Reporters bietet ein weiteres PowerShell-Skript für die Überwachung von Exchange an. Exchange Monitor (http://www.frankysweb.de/exchange-monitor) überwacht den E-Mail-Fluss in Exchange und kann feststellen wann Connectoren ausfallen. Dazu versendet das Skript in regelmäßigen Abständen E-Mails nach extern und wartet auf eine automatische Antwort. Außerdem kann Exchange-Monitor Berichte erstellen, ob der E-Mail-Fluss funktioniert, und wie der Status der Datenbanken ist. Wer auf Exchange-Reporter setzt, sollte sich auch Exchange-Monitor ansehen, vor allem weil das Tool ähnlich einfach in der Einrichtung ist.

Laden Sie das ZIP-Archiv herunter und entpacken es, genauso wie bei Exchange-Reporter. Für Exchange-Monitor müssen Sie eine kostenlose Microsoft-Erweiterung installieren, die Microsoft Exchange Web Services Managed API 2.2 oder neuer (http://www.microsoft.com/en-us/download/details.aspx?id=42951). Diese Erweiterung für Exchange können Sie jederzeit wieder deinstallieren.

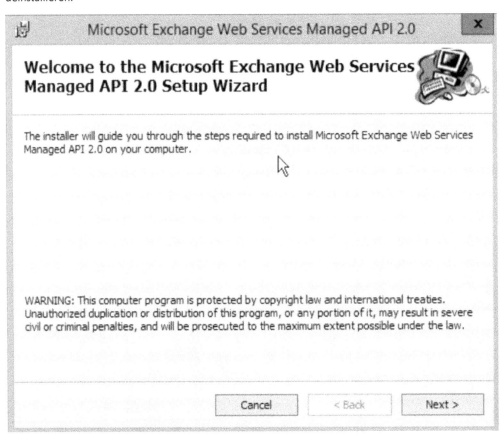

Danach kopieren Sie Exchange-Monitor in ein Verzeichnis auf den Exchange-Server. Damit Exchange-Monitor funktioniert, müssen Sie die PS1-Datei des Tools noch bearbeiten. Am besten öffnen Sie dazu PowerShell ISE und öffnen dann das Skript. Im Skript passen Sie noch die Einstellungen Ihrer

Umgebung an. Das Skript hat die Bezeichnung *New-MailFlowTest.ps1*. Wichtig sind die Einstellungen im oberen Bereich. Hier sollten Sie folgende Optionen anpassen:

$EchoMail - Server der E-Mails automatisch beantworten kann. Diese Option können Sie normalerweise auf echo@tu-berlin.de belassen.

$testmailbox - Tragen Sie hier die Absendeadresse ein, mit der Sie den E-Mail-Fluss testen wollen.

$testuser - Tragen Sie hier den Benutzernamen für das Ausführen des Skriptes ein.

$testuserdomain - Hier tragen Sie den FQDN Ihres Active Directory ein.

$testuserpass - Hier tragen Sie das Kennwort für den Benutzer ein.

$latency - Zeitintervall in der das Skript auf Antwort wartet. Dauert die Antwort länger, geht das Skript von einem Fehler aus.

&filepath - Pfad des Berichtes.

Auch dieses Skript starten Sie über eine geplante Aufgabe, genauso wie Exchange-Reporter. Gehen Sie zum Erstellen der Aufgabe genauso vor, wie bei der Aufgabe für Exchange-Reporter. Als *Aktion* verwenden Sie auch hier *powershell.exe*, als *Argument* verwenden Sie:

-Command „&`<Pfad in dem sich das Skript befindent>\<New-MailFlowTest.ps1` -installpath `<Pfad in dem sich das Skript befindet>`

Speichern Sie das Skript genauso, wie das Skript für Exchange-Reporter. Auch dieses Skript muss unabhängig von der Benutzeranmeldung starten. Im Verzeichnis des Exchange-Monitors finden Sie das Skript *Add-ErrorAction.ps1*. Hier legen Sie fest, wie sich das Skript verhalten soll, wenn der E-Mail-Fluss ausfällt.

```powershell
#
# In diesem Script können eigene Alarmaktionen definiert werden. Die Variable "$alarm"
# enthält den Fehler.
#-----------------------------------------------------------------------------------

Param([Parameter(Mandatory=$true)][string]$Alarm)

#-----------------------------------------------------------------------------------

# Beispiel: Verschicke eine SMS per T-Mobile SMS Gateway
#           http://www.tipps-tricks-kniffe.de/t-mobile-e-mails-als-sms-versenden-und-empfangen/
# Hinweis:  $alarm enthält die Fehlerbeschreibung

$absender = "frank@frankysweb.de"
$handynummern = @("017612345678", "017512345678")

#-----------------------------------------------------------------------------------

write-host " Verschicke Alarm per SMS:"
write-host " $alarm"
foreach ($handynummer in $handynummern)
{
  $recipient = "$handynummer" + "@t-mobile-sms.de"
  Send-MailMessage -SmtpServer mail.t-mobile-sms.de -To $recipient -From $absender -Body $alarm -subject "Alarm:"
}

#-----------------------------------------------------------------------------------
```

Exchange-Berichte und Analyse mit Microsoft-PowerShell-Skript

Microsoft bietet das Tool *Generate Exchange Environment Reports Using PowerShell* (https://gallery.technet.microsoft.com/office/Generate-Exchange-2388e7c9) kostenlos zum Download an. Sie müssen das PowerShell-Skript nur herunterladen und können es direkt in der PowerShell auf dem Exchange-Server ausführen. Auch hier müssen Sie für die Überwachung von Exchange nichts installieren. Starten Sie zur Ausführung die Exchange-Verwaltungsshell, und führen Sie den Befehl .*Get-ExchangeEnvironmentReport.ps1 -HTMLReport <Pfad und Name der neuen HTML-Datei>* im Verzeichnis mit dem Skript aus.

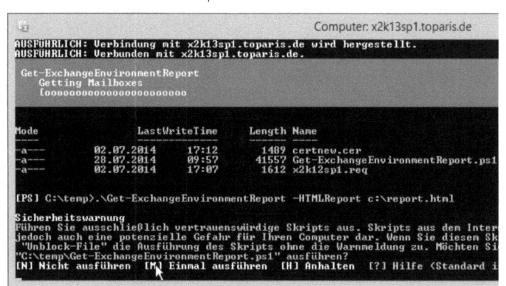

Wenn Das Skript für manche Bereiche keine Daten erhält, enthalten Sie eine Fehlermeldung, die aber keine Rolle spielt. Im entsprechenden Verzeichnis finden Sie dann den HTML-Bericht.

Total Servers:	Total Mailboxes:		Total Roles:					
E2013SP1	E2013SP1	Org	CAS	EDGE	HUB	MBX	UM	
1	3	3	1	0	0	1	0	

Site: Erbach		External Names: Internal Names: x2k13sp1.toparis.de						
Mailboxes: 3		Exchange Version	CAS	EDGE	HUB	MBX	UM	OS Version
X2K13SP1		Exchange 2013 SP1				3		Windows Server 2012 R2 Datacenter

			Mailbox Databases (Non-DAG)			
Server	Database Name	Mailboxes	Av. Mailbox Size	DB Size	DB Whitespace	Databa
X2K13SP1	Mailbox Database 1777021107	3	1.66 MB	0.24 GB	0.06 GB	

Auf Wunsch können Sie den Bericht auch per E-Mail versenden. Dazu nutzen Sie den Befehl:

.\Get-ExchangeEnvironmentReport.ps1 -HTMLReport <Pfad und Name der neuen HTML-Datei> -SendMail:$true -Mailfrom:<Absende-Adresse> -MailTo:<Empfänger-Adresse> -MailServer:<Exchange-Server>

Computer: x2k13sp1.toparis.de

```
[PS] C:\temp>.\Get-ExchangeEnvironmentReport -HTMLReport c:\report.html -SendMail:$true -MailFrom:administrator@toparis.
de -MailTo:administrator@toparis.de -MailServer:x2k13sp1.toparis.de

Sicherheitswarnung
Führen Sie ausschließlich vertrauenswürdige Skripts aus. Skripts aus dem Internet können zwar nützlich sein, stellen
jedoch auch eine potenzielle Gefahr für Ihren Computer dar. Wenn Sie diesem Skript vertrauen, lassen Sie mit dem Cmdlet
"Unblock-File" die Ausführung des Skripts ohne die Warnmeldung zu. Möchten Sie
"C:\temp\Get-ExchangeEnvironmentReport.ps1" ausführen?
[N] Nicht ausführen  [E] Einmal ausführen  [H] Anhalten  [?] Hilfe (Standard ist "N"): m
```

Zustand der Exchange-Server mit kostenlosem PowerShell-Skript testen

Mit dem kostenlosen PowerShell-Skript *Test-ExchangeServerHealth.ps1* (http://exchangeserverpro.com/powershell-script-health-check-report-exchange-2010) können Sie mit einem Befehl den Zustand Ihrer Exchange-Server anzeigen lassen. Zur Verwendung lassen Sie das Skript herunterladen, kopieren es auf den Exchange-Server und führen es aus. Bei der Ausführung des Skriptes können Fehler erscheinen, wenn das Skript bestimmte Daten nicht auslesen kann, aber für die meisten Belange erhalten Sie schnell einen guten Überblick zu den Exchange-Servern in der Organisation.

```
[PS] C:\temp>.\Test-ExchangeServerHealth.ps1
Initializing...
WARNUNG: The file C:\temp\ignorelist.txt could not be foun
-------- Checking X2K13SP1
DNS Check: Pass
Ping Check: Pass
Uptime (hrs): 1
Server version: Exchange 2013
Roles: Mailbox, ClientAccess
Postfachserverrolle Services: Fail
Clientzugriffs-Serverrolle Services: Pass
Unified Messaging-Serverrolle Services: Pass
Hub-Transport-Serverrolle Services: Pass
Total Queue: 0
Mailbox databases mounted: Pass
MAPI connectivity: Success
Mail flow test:
```

In der Datei *ignorelist.txt*, können Sie einzelne Bereiche zur Überprüfung ausschließen. Sie können das Skript auch mit PowerShell ISE öffnen und verschiedenen Einstellungen ändern, zum Beispiel die

Möglichkeit den Bericht per E-Mail zu versenden. Außerdem müssen Sie hier teilweise englische Einstellungen in deutsche Beschreibungen ändern und mehr. Mit etwas Kenntnis der PowerShell kommen Sie schnell weiter in der Bearbeitung des Skriptes.

Zusammen mit diesem Skript, sollten Sie auf den Servern auch mit dem Bordmittel-Befehl *test-servicehealth* arbeiten. Dieser Befehl zeigt den Status der Systemdienste a,n und ob diese gestartet sind.

```
[PS] C:\temp>test-servicehealth

Role                    : Postfachserverrolle
RequiredServicesRunning : False
ServicesRunning         : {IISAdmin, MSExchangeADTopology, MSExchangeDelivery, MSExchangeIS,
                          MSExchangeMailboxAssistants, MSExchangeRepl, MSExchangeRPC, MSExchangeServiceHost,
                          MSExchangeThrottling, MSExchangeTransportLogSearch, W3Svc, WinRM}
ServicesNotRunning      : {MSExchangeSubmission}

Role                    : Clientzugriffs-Serverrolle
RequiredServicesRunning : True
ServicesRunning         : {IISAdmin, MSExchangeADTopology, MSExchangeMailboxReplication, MSExchangeRPC,
                          MSExchangeServiceHost, W3Svc, WinRM}
ServicesNotRunning      : {}

Role                    : Unified Messaging-Serverrolle
RequiredServicesRunning : True
ServicesRunning         : {IISAdmin, MSExchangeADTopology, MSExchangeServiceHost, MSExchangeUM, W3Svc, WinRM}
ServicesNotRunning      : {}

Role                    : Hub-Transport-Serverrolle
RequiredServicesRunning : True
ServicesRunning         : {IISAdmin, MSExchangeADTopology, MSExchangeEdgeSync, MSExchangeServiceHost,
                          MSExchangeTransport, MSExchangeTransportLogSearch, W3Svc, WinRM}
ServicesNotRunning      : {}
```

Diese Überprüfung nimmt auch *Test-ExchangeServerHealth.ps1* vor, allerdings stimmen im Skript oft die Namen der Dienste nicht. Lesen Sie dazu die Namen mit *test-servicehealth*, und tragen Sie die korrekten Namen der Dienste und Rollen in *Test-ExchangeServerHealth.ps1* ein. Vor allem die Serverrollen müssen Sie bei deutschen Servern anpassen.

Exchange Certificate Assistant - Zertifikate besser verwalten

Auf der Seite FrankysWeb.de (http://www.frankysweb.de/exchange-2013-assistent-fuer-zertifikate) finden Sie ein PowerShell-Skript mit grafischer Anleitung. Mit diesem können Sie schnell und einfach über eine interne Zertifizierungsstelle Zertifikate für Exchange ausstellen.

Sobald Sie das das Powershell-Skript konfiguriert und ihm eine passende Zertifikatvorlage zugewiesen haben, rufen Sie das Skript mit .*ExchangeCertificateAssistant.ps1* auf. Danach können Sie über einen Assistenten das Zertifikat für Exchange automatisiert ausstellen und auch gleich mit den Exchange-Diensten verbinden lassen. Die Anleitung auf der Seite erklärt die Vorgehensweise. Der Vorteil des Tools ist, dass Sie mit diesem auch sehr schnell neue Zertifikate ausstellen können, ohne manuell vorgehen zu müssen.

In der Exchange-Verwaltungsshell können Sie sich das Zertifikat über *get-exchangecertificate* anzeigen lassen. Es gibt aber auch die Möglichkeit über die PowerShell Exchange-Zertifikate des lokalen Zertifikate-Speichers zu aktivieren. Dazu verwenden Sie das CMDlet *Enable-ExchangeCertificate.* Die Syntax dazu ist:

Enable-ExchangeCertificate -Thumbprint <String> [-Server <ServerIdParameter>] <Parameter>

Beispiel:

Enable-ExchangeCertificate -Thumbprint 5113ae0233a72fccb75b1d0198628675333d010e -Services POP,IMAP,SMTP,IIS

Die ausführliche Syntax finden Sie auch in der TechNet (*https://technet.microsoft.com/de-de/library/aa997231%28v=exchg.150%29.aspx*).

DigiCert SSL Installation Diagnostics Tool - Sicherheitstests

Vermuten Sie Probleme beim externen Zugriff auf Ihre Exchange-OWA-Seite, können Sie diesen über das Unternehmen DigiCert (https://www.digicert.com/help) kostenlos online testen lassen. Sie müssen dazu nur die Adresse des Servers eingeben. Außerdem können Sie mit dem Tool auch überprüfen, ob das Zertifikat anfällig für eine Heartbleed-Attacke ist.

Sie sehen außerdem die IP-Adresse die dem Rechnernamen mit dem Zertifikat zugewiesen ist, und wie lange das Zertifikat noch gültig ist. Auch die Protokolle, die das Zertifikat unterstützt, sehen Sie an dieser Stelle. Der Hersteller bietet auch noch Tools an, mit dem Sie Namen von internen Servern und von Zertifikaten anpassen können.

Exchange und Domänencontroller - Probleme bei der Zusammenarbeit beheben

Exchange und die Domänencontroller arbeiten eng zusammen. Gibt es bei der Verbindung Probleme, können Sie die Exchange-Verwaltungsshell dazu verwenden die Zusammenarbeit zu testen und diese zu beheben.

Mit *get-exchangeserver |fl *Domain** lassen Sie sich die Active Directory-Domäne anzeigen, in der sich das Konto des Exchange-Servers befindet. Außerdem sehen Sie hier welche Domänencontroller auf dem Exchange-Server als statische Verbindung konfiguriert wurden. Standardmäßig verwendet Exchange eine dynamische Zuordnung der Domänencontroller.

```
Vollständige Ausgabe für einen Befehl anzeigen: <command> | Format-List

Kurzübersichtsleitfaden anzeigen: QuickRef
Tipp des Tages Nr. 51:

Möchten Sie wissen, über welche Berechtigungen ein Active Directory-Benutzerko
erwenden Sie den folgenden Befehl:

 Get-Mailbox <Mailbox to Check> | Get-MailboxPermission -User <Active Director

AUSFÜHRLICH: Verbindung mit x2k13sp1.toparis.de wird hergestellt.
AUSFÜHRLICH: Verbunden mit x2k13sp1.toparis.de.
[PS] C:\Windows\system32>get-exchangeserver |fl *Domain*


Domain                           : toparis.de
StaticDomainControllers          : {}
StaticConfigDomainController     :
StaticExcludedDomainControllers  : {}
CurrentDomainControllers         : {}
CurrentConfigDomainController    :
```

Sie können mit dem CMDlet *get-domaincontroller* die Domänencontroller am Standort anzeigen lassen, mit denen sich Exchange verbinden kann. Sie erhalten durch dieses CMDlet weitere Informationen wie Standort, Datum der letzten Replikation und mehr.

```
[PS] C:\Windows\system32>get-domaincontroller

RunspaceId       : dd2e2408-a4d4-44ae-9b03-2a3bdeca4469
Name             : X2K13SP1
DnsHostName      : x2k13sp1.toparis.de
ADSite           : toparis.de/Configuration/Sites/Erbach
Identity         : toparis.de/Configuration/Sites/Erbach/Servers/X2K13SP1
IsValid          : True
ExchangeVersion  : 0.0 (6.5.6500.0)
DistinguishedName: CN=X2K13SP1,CN=Servers,CN=Erbach,CN=Sites,CN=Configuration,DC=toparis,DC=de
Guid             : aea7c473-d75a-4fae-8b0e-904ded94c91c
ObjectCategory   : toparis.de/Configuration/Schema/Server
ObjectClass      : {top, server}
WhenChanged      : 02.07.2014 14:20:38
WhenCreated      : 02.07.2014 14:18:37
WhenChangedUTC   : 02.07.2014 12:20:38
WhenCreatedUTC   : 02.07.2014 12:18:37
OrganizationId   :
OriginatingServer: x2k13sp1.toparis.de
ObjectState      : Unchanged
```

Die statische Zuordnung können Sie in der PowerShell ebenfalls anpassen. Den statischen Domänencontroller passen Sie mit *Set-ExchangeServer* an. Die Syntax dazu ist:

Set-exchangeserevr -Identity <Exchange-Server> - StaticDomainControllers <Domänencontroller> - StaticGlobalCatalogs <Globaler Katalog>

Haben Sie die Einstellung geändert, können Sie diese wiederum mit *get-exchangeserver |fl *Domain** anzeigen. Das hilft zum Beispiel bei Verbindungs- oder Leistungsproblemen von Exchange, die durch die Verbindung mit Active Directory-Domänencontroller verursacht werden.

Sie haben in diesem Fall aber auch die Möglichkeit langsame Domänencontroller oder Domänencontroller, die weit entfernt sind von Exchange auszuklammern. Dazu verwenden Sie die Option *-StaticExcludedDomainControllers*. Die Syntax des Befehls ist ansonsten identisch.

Grundsätzlich haben Sie auch die Möglichkeit den Domänencontroller zu steuern, der in der aktuellen Sitzung der Exchange-Verwaltungsshell wird. Mit *get-adserversettings* rufen Sie die Einstellung ab. Um einen bestimmten Domänencontroller vorzugeben, verwenden Sie:

Set-advserversettings -preferredserver <Servername>

```
[PS] C:\Windows\system32>get-adserversettings

ConfigurationDomainCont  PreferredDomainControll  PreferredGlobalCatalog  RecipientViewRoot
roller                   ers

                         {<toparis.de, x2k13s...                          toparis.de
```

Der Befehl *get-adsite* zeigt den Active Directory-Standort an, dem der aktuelle Exchange-Server zugewiesen ist. Wird hier ein falscher Standort angezeigt, sind Leistungsprobleme in Exchange schnell erklärt. Sie können in der Verwaltungsshell aber auch den Standort steuern:

Set-adsite <AD-Standort> -HubSiteEnabled $true

Die Replikation zwischen den Standorten die auch Exchange betrifft, fragen Sie mit *get-adsitelink* ab.

```
[PS] C:\Windows\system32>get-adsite

Name                             HubSiteEnabled

Erbach                           True

[PS] C:\Windows\system32>set-adsite Erbach -HubSiteEnabled $true
WARNUNG: Der Befehl wurde erfolgreich abgeschlossen, es wurden jedoch keine Einstellungen von
'toparis.de/Configuration/Sites/Erbach' geändert.
[PS] C:\Windows\system32>get-adsitelink

Name                ADCost       ExchangeCost     Sites

DEFAULTIPSITELINK   100                           {toparis.de/Configuration/S...
```

ManageEngine Exchange Health Monitor 3.0

Wenn es um die kostenlose Überwachung von Exchange geht, ist auch ManageEngine Exchange Health Monitor 3.0 (http://www.manageengine.com/products/exchange-health-monitor/free-exchange-health-monitor-index.html) ein interessantes Tool. Haben Sie es installiert, bauen Sie eine Verbindung zu den Exchange-Servern auf und können diese überwachen lassen. Die Installation kann auch auf einer Arbeitsstation mit installierten Exchange-Verwaltungstools erfolgen.

ActiveSync-Probleme und mehr mit Microsoft-Tools analysieren

Immer, wenn neue Updates für Smartphones veröffentlicht werden, zum Beispiel neue iOS-Versionen für iPhones/iPads, kann es passieren, dass sich die Geräte nicht mehr stabil mit dem Exchange-Server verbinden.

Mit dem kostenlosen Tool *Log Parser* lassen sich Verbindungsprobleme finden und beheben. Um Verbindungsprobleme mit ActiveSync zu lösen, helfen die beiden kostenlosen Analysetools *Log Parser 2.2* (http://www.microsoft.com/en-us/download/details.aspx?displaylang=en&id=24659) und Log Parser Studio (http://gallery.technet.microsoft.com/Log-Parser-Studio-cd458765). Die beiden Tools lesen die Protokolldateien des Webservers (IIS) auf dem Exchange-Server aus. Sie können das Tool also für die Analyse von Exchange-Problemen verwenden. Wir zeigen nachfolgend die Analyse von Problemen bei ActiveSync mit Smartphones.

Installieren Sie Log Parser 2.2 und extrahieren Sie das Log Parser Studio. Starten Sie die Datei *lps.exe*. Über das Log Parser Studio können Sie auch Log Parser 2.2 installieren. Im Log Parser Studio finden Sie verschiedene Abfragen, mit denen Sie Exchange-Probleme beheben können.

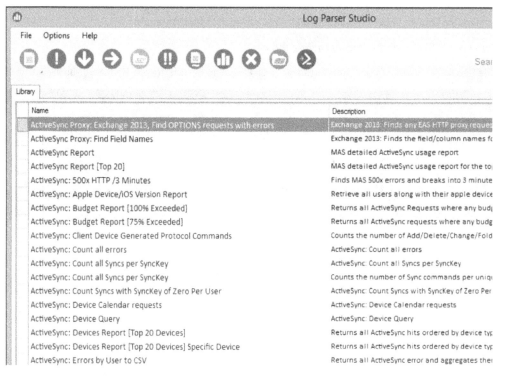

Klicken Sie auf eine Abfrage, zeigt Log Parser Studio diese an, und Sie sehen im unteren Bereich den Quelltext der Abfrage. Mit dem Ausführungszeichen führen Sie die Abfrage auf den Exchange-Servern aus.

Über den Log File Manager können Sie Protokolldateien hinzufügen, die Log Parser Studio analysieren kann. Die Protokolle von Exchange finden Sie zum Beispiel über das Exchange-Installationsverzeichnis mit Unterverzeichnis *Logging*. Die Abfrage die Sie gestartet haben, durchsucht die angebundenen Protokolle und zeigt die Ergebnisse im oberen Bereich an.

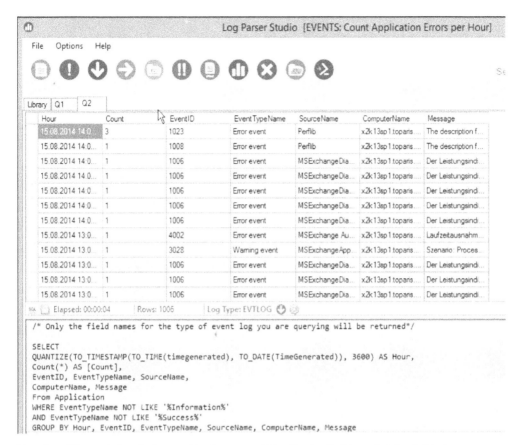

```
/* Only the field names for the type of event log you are querying will be returned*/

SELECT
QUANTIZE(TO_TIMESTAMP(TO_TIME(timegenerated), TO_DATE(TimeGenerated)), 3600) AS Hour,
Count(*) AS [Count],
EventID, EventTypeName, SourceName,
ComputerName, Message
From Application
WHERE EventTypeName NOT LIKE '%Information%'
AND EventTypeName NOT LIKE '%Success%'
GROUP BY Hour, EventID, EventTypeName, SourceName, ComputerName, Message
```

Vor allem iPhones haben bei neuen Versionen von iOS teilweise Probleme bei der Anbindung an Exchange.

In der Exchange-Verwaltungsshell können Sie zum Beispiel mit *Get-ActiveSyncDevice | where {$_.DeviceOs -match "iOS 8.1.1"}* iOS-Geräte mit der Version 8.1.1 anzeigen. Treten Probleme auf Smartphones auf, nachdem Anwender diese auf eine neue Version aktualisiert haben, hilft es oft, wenn die Synchronisierung mit Exchange neu eingerichtet wird. Um Exchange ActiveSync zu analysieren, installieren Sie Log Parser und entpacken das Zip-Archiv von Log Parser Studio. Starten Sie Log Parser Studio mit *lps.exe* und lassen sich die Protokolldateien auslesen.

Um Active Sync-Probleme zu lösen müssen beide Tools auf dem entsprechenden Server verfügbar sein. Anschließend erstellen Sie über *File\New\Query* im Log Parser Studio eine neue Abfrage in den IIS-Protokolldateien. Über die Abfrage lassen sich ActiveSync-Probleme finden. Die folgende Abfrage ist zum Beispiel geeignet um Fehler zu finden. Der Text muss in das untere Feld eingetragen werden. Der bereits vorhandene Text muss gelöscht werden:

SELECT

   Cs-username AS User,

   MyDeviceId AS DeviceId,

   COUNT(*) AS Hits

USING

EXTRACT_VALUE(cs-uri-query,'DeviceId') AS MyDeviceId

FROM '[LOGFILEPATH]'

WHERE cs-uri-query LIKE '%Error:WrongObjectTypeException%'

GROUP BY DeviceId,User

ORDER BY Hits DESC

Um eine Abfrage häufiger zu verwenden, können Sie diese in Log Parser Studio speichern und jederzeit abrufen. Beim Starten wählen Sie die Protokolldateien des IIS aus. Die Protokolldateien können in einem beliebigen Verzeichnis abgelegt werden und befinden sich standardmäßig im Verzeichnis *\inetpub\logs\LogFiles*.

Änderungen in der Exchange-Umgebungen mit kostenlosen Tools überwachen

Mit dem kostenlosen Tool Netwrix Active Directory Change Reporter (http://lp.netwrix.com/audit_exchange_server_changes.html?cID=70170000000kflZ) haben Sie die Möglichkeit Änderungen in der Exchange-Organisation und Active Directory zu überwachen. Das Tool überwacht alle relevanten Bereiche in der Organisation und versendet E-Mails, sobald Änderungen durchgeführt wurden. Active Directory Change Reporter arbeitet als geplante Aufgabe auf dem Exchange-Server.

Zunächst ist in diesem Bereich aber auch die Standard-Ereignsanzeige auf dem Exchange-Server interessant. Hier finden Sie im Bereich *Anwendungs- und Dienstprotokolle\MSExchange Management* ebenfalls wichtige Einträge, welche die Anpassung der Exchange-Umgebung protokollieren. Mit dem Tool in diesem Abschnitt ist die Überwachung allerdings effizienter.

Sie installieren das Tool auf dem Exchange-Server und starten die Einrichtung. In den Optionen aktivieren Sie zunächst die Überwachung mit *Enable Active Directory Change Reporter*. Danach legen Sie fest, was Sie alles überwachen wollen. Am besten aktivieren Sie dazu *Enable Group Policy Change Reporter* und *Enable Exchange Change Reporter*.

Im Tool selbst legen Sie fest, welche Domäne Sie überwachen wollen und in welchem Namen die Berichte versendet werden.

Im Anschluss legen Sie fest, welche Domäne Sie überwachen wollen und an wen Sie die Berichte senden wollen, die das Tool erstellt. Über den Bereich *Reports* legen Sie mit *Configure* die Berichte fest, die das Tool versenden soll.

Neben der Möglichkeit einen Bericht zu erstellen, können Sie mit dem Tool *Netwrix Change Viewer* auf dem Exchange-Server Berichte erstellen lassen, welche Änderungen in der Exchange-Umgebung durchgeführt wurden. Sie können im Tool auswählen, für welches Überwachungsmodul Sie den Bericht erstellen wollen. Hier stehen Active Directory, Group Policy und Exchange zur Verfügung. Anschließend öffnet sich ein Bericht im HTML-Format und zeigt die Änderungen an.

Das Tool wird über eine geplante Aufgabe auf dem Exchange-Server gestartet, standardmäßig nachts um drei. Zu diesem Zeitpunkt versendet das Tool einen Bericht mit den vorgenommenen Änderungen

Administrator@toparis.de

Di 14.10.2014 15:01

Als gelesen markieren

An: Administrator:

Change analysis for domain **toparis.de** completed successfully. The following changes were detected:

Change Type	Object Type	When Changed	Who Changed	Where Changed	Object Name	Details
Modified	group	Enterprise edition only	Enterprise edition only	Enterprise edition only	\de\toparis\Microsoft Exchange Security Groups\Discovery Management	**Members** set to "\de\toparis\Users\Thomas Joos"

Exchange Server Changes Summary

Exchange Server Objects Added	0
Exchange Server Objects Removed	0
Exchange Server Objects Modified	1

Detailed SSRS-based Reports are available in the Enterprise edition only .

Sie haben auch die Möglichkeit die kostenpflichtige Enterprise-Edition freizuschalten. In diesem Fall wird auch der Zeitpunkt der Änderung im Bericht angezeigt, aber auch der Administrator der die Änderung durchgeführt hat.

Auf dem Rechner finden Sie außerdem noch das Tool *Change Viewer*. Mit diesem Tool wählen Sie eine Zeitraum aus, für den Sie Änderungen der Exchange-Umgebung anzeigen wollen. Als Module sind auch Überwachungen von Active Directory und von Gruppenrichtlinien dabei.

Change analysis for domain **toparis.de** completed successfully. The following changes were detected:

Change Type	Object Type	When Changed	Who Changed	Where Changed	Objec
Modified	group	Enterprise edition only	Enterprise edition only	Enterprise edition only	\de\top

Exchange Server Changes Summary

Exchange Server Objects Added   0

Exchange Server Objects Removed   0

Exchange Server Objects Modified   1

Detailed SSRS-based Reports are available in the Enterprise edition only .

Please visit www.netwrix.com for more products and updates.

Ereignisanzeigen-Protokollierung konfigurieren

In der Exchange-Verwaltungsshell lassen Sie mit *get-eventloglevel* die Tiefe der Protokollierung der verschiedenen Exchange-Komponenten anzeigen. Hier haben Sie auch die Möglichkeit die Konfiguration so abzuändern, dass mehr Daten protokolliert werden.

Die Einstellungen an dieser Stelle ändern Sie mit *Set-Eventloglevel*. Um alle Einstellungen auf einmal zu ändern, rufen Sie zunächst mit *get-eventloglevel* alle Daten ab und übergeben diese an *set-eventloglevel*:

get-eventloglevel | set-eventloglevel -level [Lower, Low, Medium, High, Highets]

Natürlich können Sie auch für einzelne Komponenten die Einträge anpassen:

Set-eventloglevel -Identity <Bezeichnung> -level <Wert>

Event Log Consolidation, Reporting and Alerting Tool – Ereignisanzeigen überwachen

Die Hersteller von *Netwrix Active Directory Change Reporter* bieten noch das kostenlose Tool *Event Log Consolidation, Reporting and Alerting Tool* (http://lp.netwrix.com/event_log_manager.html). Mit diesem können Sie die Ereignisanzeigen Ihrer Server überwachen und ebenfalls Berichte erstellen lassen. Das Tool kann Ereignisanzeigen mehrerer Exchange-Server auf einmal zentral sammeln und Informationen anzeigen.

Mit dem Viewer des Tools können Sie die Ereignisanzeigen und den Zeitraum der Ereignisse filtern lassen. Das Tool erstellt daraufhin eine EVT-Datei, die Sie auch mit Bordmitteln überprüfen oder versenden können.

Im NetWrix Event Log Manager aktivieren Sie die Überwachung also zunächst und tragen die Server ein, die Sie überwachen wollen. Auch hier können Sie wieder Berichte per E-Mail versenden lassen. Die anderen Einstellungen im Fenster sind nur optional und werden am Anfang nicht benötigt.

Wurden die Ereignisse der verschiedenen Server gesammelt, versendet das Tool eine E-Mail an die konfigurierten Empfänger. Über das Tool *Viewer* auf dem Server wählen dann aus, welche Ereignisanzeige der überwachten Sie Server anzeigen lassen wollen.

Danach erstellt das Tool auf Basis der von Ihnen eingegebenen Daten eine EVT-Datei. Diese können Sie zum Beispiel auch mit dem windows-internen Ereignisviewer ansehen und überprüfen. Die EVT-Datei enthält nur genau die Daten, die Sie im Viewer konfiguriert haben.

NetWrix Event Log Manager

NetWrix Event Log Manager consolidates and archives event log data and delivers alerts and reports.

☑ Enable Event Log Manager

Monitored computers list:

Name	Type
x2k13sp1.toparis...	Windows Server

[Add...]
[Remove]
[Import...]

Audit Archive location: `C:\ProgramData\NetWrix\Manageme` [...]

☐ Enable long-term audit archiving for `1` month(s)

Audit archiving filters: [?]   [Configure...]

Real-time alerts: [Configure...]

SSRS-based reports: [Configure...]

Email Notifications

Events summary recipient(s): `Administrator@toparis.de`

SMTP Server: `x2k13sp1.toparis.de`   Port: `25`

From address: `Administrator@toparis.de`   [Verify]

Advanced options: [Configure...]

Full-featured management console with integrated reporting and support of multiple collections   [Learn more]

[Apply] [Close] [Help]

Get more features in the enterprise edition: request a quote

More free products...

Copyright © 2012 NetWrix Corporation

Kostenlose Exchange-/Office 365-Überwachung mit Paessler Network Monitor

Mit der Software Passler Network Monitor (http://www.de.paessler.com/prtg) können Sie Server, auch Exchange, effizient überwachen. Sie laden das Tool beim Hersteller herunter und können 30 Tage die Vollversion testen. Danach schalten sich die Funktionen der Freeware-Version frei. Die Installation des Tools muss natürlich nicht direkt auf dem Exchange-Server erfolgen.

Nach der Installation konfigurieren Sie das Tool und lassen die Domänencontroller und Exchange-Server überwachen. Im Assistenten des Tools können Sie die Überwachung leicht konfigurieren. Dazu klicken Sie sich durch die Punkte auf der linken Seite des Fensters. Wichtig ist die Anmeldung an den Servern zur Überwachung.

Mit dem Tool überwachen Sie auch virtualisierte Server-Umgebungen und auf Wunsch auch Office 365. Nach der Einrichtung konfigurieren Sie die Sensoren zur Überwachung. Außerdem können Sie auf der linken Seite weitere Server anbinden. Über das Kontextmenü eines Servers fügen Sie neue Sensoren hinzu, auch für Exchange.

Sensor zum Gerät hinzufügen x2k13sp1.toparis.de [x2k13sp1.toparis.de] (Schritt 1 von 2)

SUCHE

16 Passende Sensortypen

WAS SOLL GEMONITORT WERDEN?	ART DES ZIELSYSTEMS?	EINGESETZTE TECHNOLOGIE?
○ Verfügbarkeit	○ Windows	○ Ping
○ Bandbreite / Datenverkehr	○ Linux / MacOS	○ SNMP
○ Geschwindigkeit / Leistung	○ Virtualisierungs-OS	○ WMI
○ Prozessornutzung	○ Datei-Server	○ Leistungsindikatoren
○ Datenträgernutzung	● E-Mail-Server	○ HTTP
○ Speichernutzung	○ QL-Server	○ SSH
○ Hardware-Parameter		○ Packet Sniffing
○ Netzwerk-Infrastruktur		○ NetFlow, sFlow, jFlow
○ Eigene Sensoren		○ Powershell
		○ Push Message Empfänger

DIE AM HÄUFIGSTEN VERWENDETEN SENSORTYPEN

IMAP ?	POP3 ?	WMI Exchange-Server ?
Monitort einen E-Mailserver mittels IMAP (Internet Message Access Protocol).	Monitort einen E-Mailserver mittels POP3 (Post Office Protocol V3).	Monitort einen Microsoft Exchange Server mittels WMI.
Hinzufügen ▶	Hinzufügen ▶	Hinzufügen ▶

VERFÜGBARE SENSORTYPEN

Sobald Sie E-Mail-Server auswählen, sehen Sie im unteren Bereich verschiedene Exchange-Sensoren, die Sie anbinden und überwachen können.

Exchange Datenbank (Powershell) ?	Exchange Nachrichtenwarteschlang... ?	Exchange Öffentlicher Ordner (Po... ?	Exchange Postfach (Powershell) ?
Monitort Datenbankinformationen eines Exchange Servers mittels Remote Powershell	Monitort die Anzahl der Einträge in der ausgehenden E-Mail-Warteschlage eines Exchange Servers mittels Remote Powershell	Monitort Informationen über die Öffentlichen Ordner eines Exchange Servers mittels Remote Powershell	Monitort Postfachinformationen auf einem Exchange Server mittels Remote Powershell
Hinzufügen ▶	Hinzufügen ▶	Hinzufügen ▶	Hinzufügen ▶
Exchange Sicherung (Powershell) ?	**IMAP** ?	**IP auf Schwarzer Liste des DNS** ?	**POP3** ?
Monitort Sicherungen eines Exchange Servers mittels Remote Powershell.	Monitort einen E-Mailserver mittels IMAP (Internet Message Access Protocol).	Überprüft die IP-Adresse des übergeordn. Geräts gegen eine Reihe von Blacklist-Servern	Monitort einen E-Mailserver mittels POP3 (Post Office Protocol V3).
Hinzufügen ▶	Hinzufügen ▶	Hinzufügen ▶	Hinzufügen ▶
POP3 E-Mail-Anzahl ?	**SMTP** ?	**SMTP&IMAP-Übermittlung**	Klicken Sie auf das Fragezeichen, um die Hilfe zu öffnen
Dieser Sensor zählt die E-Mailnachrichten in einem POP3-Postfach.	Monitort einen E-Mailserver mittels SMTP (Simple Mail Transfer Protocol).	Monitort die Zeitdauer einer E-Mail von eine SMTP-Server an ein IMAP-Postfach (Round Trip).	SMTP-Server an ein POP3-Postfach (Round Trip).
Hinzufügen ▶	Hinzufügen ▶	Hinzufügen ▶	Hinzufügen ▶
WMI Exchange Transportwarteschl... ?	**WMI Exchange-Server** ?	**WMI IIS 6.0 SMTP Empfangen** ?	**WMI IIS 6.0 SMTP Verschickt** ?
Monitort die Transport-Warteschlange eines Microsoft Exchange Servers	Monitort einen Microsoft Exchange Server mittels WMI.	Monitort die Anzahl empfangener E-Mails für einen IIS 6.0 SMTP-Dienst (Exchange 2003).	Monitort die Anzahl verschickter E-Mails für einen IIS 6.0 SMTP-Dienst (Exchange 2003).
Hinzufügen ▶	Hinzufügen ▶	Hinzufügen ▶	Hinzufügen ▶

Auf weiteren Fenstern können Sie dann auch Leistungsindikatoren einbinden und das Intervall der Überwachung festlegen. Das ist zum Beispiel bei der WMI-Überwachung interessant.

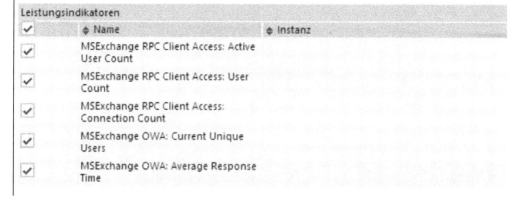

EXCHANGE SERVER - DATENWERTE DIE PER WMI AUSLESBAR SIND

Leistungsindikatoren		
✓	⬦ Name	⬦ Instanz
✓	MSExchange RPC Client Access: Active User Count	
✓	MSExchange RPC Client Access: User Count	
✓	MSExchange RPC Client Access: Connection Count	
✓	MSExchange OWA: Current Unique Users	
✓	MSExchange OWA: Average Response Time	

Im Anschluss werden die Sensoren hinzugefügt und unterhalb des Servers angezeigt. Nach einiger Zeit sehen Sie im Fenster auch den Status der Monitore. Auch die Websites von Clientzugriff-Servern können Sie überwachen, zum Beispiel OWA und das Exchange Admin Center.

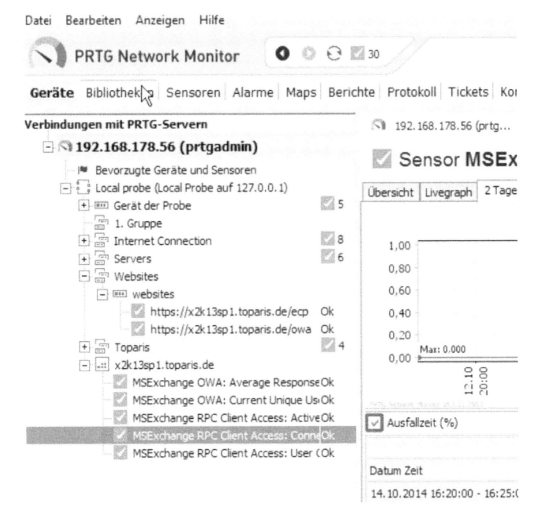

Exchange-Überwachung mit Total Network Monitor

Mit der Freeware Total Network Monitor (http://www.softinventive.com/products/total-network-monitor) überwachen Sie Ihre Exchange-Server, aber auch andere Windows-Server im Netzwerk. Installieren Sie den Total Network Monitor am besten auf einem eigenständigen Server oder einer Arbeitsstation. Nach der Installation starten Sie das Tool. Danach binden Sie Ihre Exchange-Server an.

Mit *Tools\Scannenassistent* legen Sie die Server fest, die Sie überwachen wollen. Hier legen Sie den IP-Bereich fest, den das Tool auf zu überwachende Server überwachen soll. Das Tool zeigt alle Netzwerkgeräte im IP-Bereich an. Wählen Sie zur Überwachung die Server aus.

Danach klicken Sie die Exchange-Server im Fenster mit der rechten Maustaste an und wählen *Monitor hinzufügen*. Für die Exchange-Überwachung stehen verschiedene Monitore zur Verfügung. Im Fenster können Sie bei *Typ* verschiedene Bereiche auswählen, auch die Ereignisanzeigen der Server oder Webseiten.

Über den Menüpunkt *Handlung* legen Sie fest, wie sich das Tool verhalten soll, wenn ein Monitor Fehler meldet. Sie haben hier auch die Möglichkeit mehrere Handlungen zu konfigurieren.

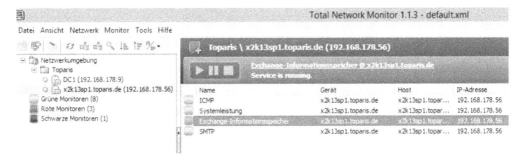

Mit dem Monitor-Typ *Ereignisprotokoll* können Sie gezielt Exchange-Fehler oder andere Einträge überwachen lassen. Der Typ *Windows-Überprüfung* kann die Systemleistung von Servern überwachen.

Aber auch die Systemdienste können Sie mit der Windows-Überprüfung überwachen lassen, das gilt natürlich auch für die Exchange-Dienste. Wählen Sie dazu den Monitor *Windows-Überprüfung* und den Typ *Systemdienste*. Anschließend können Sie die Exchange-Dienste überwachen lassen.

Neben der einfachen Benachrichtigung bei Problemen, können Sie aber auch Aktionen hinterlegen, wennn ein Monitor nicht mehr funktioniert. So haben Sie zum Beispiel die Möglichkeit einen Dienst neu zu starten. Sie können auch *SMTP* als Monitor hinzufügen und die SMTP-Ports auf den Exchange-Servern überwachen lassen.

Wollen Sie sich E-Mails zusenden lassen, hinterlegen Sie für die einzelnen Monitore als Handlung das Versenden von E-Mails. Sie können im Feld zum Konfigurieren der Handlung auch einen Text festlegen und Variablen hinterlegen.

Alle Einstellungen und Monitore speichern Sie mit *Datei\Projekt speichern*. In der Handlung legen Sie Absende- und Empfängeradresse fest. Auch die SMTP-Optionen können Sie an dieser Stelle festlegen. Anschließend sendet Network Monitor auch E-Mails

Fehler schnell in der Exchange-Verwaltungsshell eingrenzen und beheben

Mit dem Befehl *Get-Command -Verb Test | Where Module -match $env:computername* lassen Sie sich alle Test-CMDlets anzeigen, mit denen Sie die Verfügbarkeit von Exchange-Funktionen testen können. Mit *Test-ActiveSyncConnectivity* können Sie sich zum Beispiel den Zugriff per Exchange-ActiveSync anzeigen lassen. Die Verbindung per MAPI lässt sich wiederum mit *Test-MAPIConnectivity* testen.

Setzen Sie Datenbankverfügbarkeitsgruppen ein, können Sie mit *Test-ReplicationHealth* recht schnell feststellen, welche Bereiche der Replikation Probleme machen und die Probleme entsprechend beheben.

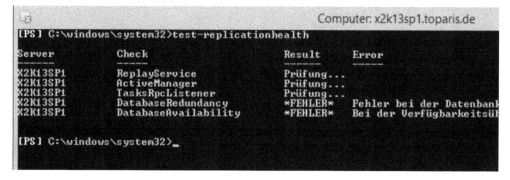

Mit *Test-ReplicationHealth | fl *error** lassen Sie sich die Fehler genauer anzeigen. Auf diesem Weg können Sie den Fehler genauer auf die einzelnen Datenbanken und Datenbank-Server eingrenzen.

```
[PS] C:\windows\system32>test-replicationhealth !fl *error*

Error :
Error :
Error :
Error : Fehler bei der Datenbankredundanzprüfung für die Datenbank 'Mailbox Database 1777021107'. Diese Fehler können
        bewirken, dass die Redundanz der Datenbank verringert und so das Risiko von Datenverlust vergrößert wird.
        Redundanzanzahl: 1. Erwartete Redundanzanzahl: 2. Ausführliche Fehlerinformationen:

        x2k13sp1:
            Die Datenbank 'Mailbox Database 1777021107' verfügt nicht über genügend konfigurierte Kopien, die den
        Überprüfungskriterien entsprechen.

Error : Bei der Verfügbarkeitsüberprüfung für Datenbank 'Mailbox Database 1777021107' sind Fehler aufgetreten, die zu
        einer Verringerung ihrer Verfügbarkeit führen können. Angabe zur Verfügbarkeit: 0. Erwartete Angabe zur
        Verfügbarkeit 2. Fehlerdetail(s):

        x2k13sp1:
            Datenbankverfügbarkeitsgruppe für Server 'x2k13sp1.toparis.de' konnte nicht aus Active Directory
        gelesen werden. Fehler: Das DAG-Objekt für den Server "x2k13sp1" konnte in Active Directory nicht gefunden
        werden.
```

Umfassende Ergebnisse erhalten Sie auch mit:

Get-DatabaseAvailabilityGroup | select -ExpandProperty:Servers | Test-replicationhealth

Lassen Sie auch in sehr großen Umgebungen umfassende Informationen anzeigen und können Fehler sehr schnell eingrenzen. Die Befehle stehen auch auf Arbeitsstationen zur Verfügung, wenn Sie die Verwaltungsprogramme für Exchange auf Rechnern mit Windows 7/8 oder Windows 10 installieren. Auf diesem Weg haben Sie auch die Möglichkeit mit der zusätzlichen Option -server <Servername> gezielt Tests für einzelne Server durchführen zu können, zum Beispiel mit *Test-MAPIConnectivity - server x2k13sp1*.

```
[PS] C:\windows\system32>test-mapiconnectivity -server x2k13sp1

MailboxServer        Database              Result       Error
X2K13SP1             Mailbox Databas...    Erfolg...
```

Mit der zusätzlichen Option *-identity* können Sie auch die Verbindung einzelner Benutzer testen.

```
[PS] C:\windows\system32>test-mapiconnectivity -identity administrator

MailboxServer        Database              Result       Error
X2K13SP1             Mailbox Databas...    Erfolg...
```

Zusätzlich haben Sie die Möglichkeit die Datenbank anzuzeigen, in der sich das Postfach des Benutzers befindet:

*Test-MAPIConnectivity -server <Servername> -identity <Postfach> |fl *database**

Kennen Sie den Namen der Datenbank, können Sie die MAPI-Funktionalität dieser Datenbank testen, zum Beispiel um einen Fehler einzugrenzen:

Test-MAPIConnectivity -database <Postfachdatenbank>

```
[PS] C:\windows\system32>test-mapiconnectivity -identity administrator !fl *database*

Database : Mailbox Database 1777021107

[PS] C:\windows\system32>test-mapiconnectivity -database "Mailbox Database 1777021107"

MailboxServer        Database              Result       Error
X2K13SP1             Mailbox Databas...    Erfolg...
```

Mit *Get-mailboxdatabase | test-mapiconnectivity |fl* lassen Sie alle Datenbanken der Organisation testen und eine ausführliche Information anzeigen. Sie erkennen auf diesem Weg auch sehr schnell, welche Datenbanken derzeit Probleme haben.

```
[PS] C:\Windows\system32>Get-MailboxDatabase | Test-MAPIConnectivity | fl

RunspaceId   : e1f6b84b-cca4-4d9d-b360-e55a4156a87c
Server       : X2K13SP1
Database     : Mailbox Database 177702110
Mailbox      : SystemMailbox{efeb7346-4f34-4b69-b282-b6ccf69eacce}
MailboxGuid  : 7196a614-570c-41ee-8bd1-ccd233e12165
IsArchive    : False
Result       : Erfolgreich
Latency      : 00:00:00.0218614
Error        :
Identity     :
IsValid      : True
ObjectState  : New

RunspaceId   : e1f6b84b-cca4-4d9d-b360-e55a4156a87c
Server       : X2K13SP1
Database     : test
Mailbox      : SystemMailbox{a5c96169-dfa2-42bc-825b-b8427ea4a78e}
MailboxGuid  :
IsArchive    :
Result       : *FEHLER*
Latency      : 00:00:00
Error        : Die Bereitstellung der Datenbank wurde aufgehoben.
Identity     :
IsValid      : True
ObjectState  : New
```

Um neue Test-Datenbanken anzulegen, zum Beispiel für die Fehlersuche, verwenden Sie den Befehl *new-mailboxdatabase <Name>*. Geben Sie danach den Server an, auf dem die Datenbank erstellt werden soll.

E-Mail-Fluss in Exchange überprüfen und Fehler beheben

Auch den E-Mail-Fluss können Sie testen. Dazu verwenden Sie *test-mailflow <Quell-Server> - tragetmailboxserver <Zielserver>*. Auf diesem Weg testen Sie nicht nur den Zugriff per MAPI, sondern auch den E-Mail-Fluss zwischen Exchange-Servern.

```
[PS] C:\Windows\system32>test-mailflow -SourceMailboxServer x2k13sp1.toparis.de

RunspaceId          : f2dfdd8e-4c9c-48e2-bb20-86533d15a634
TestMailflowResult  : Erfolgreich
MessageLatencyTime  : 00:00:17.6928094
IsRemoteTest        : False
Identity            :
IsValid             : True
ObjectState         : New
```

Als Option können Sie auch *-targetdatabase* verwenden um einzelne Datenbank zu testen. Zusammen mit dem E-Mail-Fluss auf den Exchange-Servern, sollten Sie auch die Abarbeitung der Warteschlangen auf den Transportservern überprüfen. Auch hier stehen CMDlets in der Exchange-Verwaltungsshell zur Verfügung:

Get-TransportServer | Get-Queue

Oder

Get-TransportService | Get-Queue

Auf diesem Weg können Sie überprüfen, ob der E-Mail-Fluss funktioniert, und ob und wie schnell die Warteschlangen abgearbeitet werden.

Zustand der Exchange-Komponenten überprüfen und Fehler eingrenzen

Verwenden Sie in der Exchange-VerwaltungsShell das CMDlet *get-healthreport -identity <Exchange-Server>,* erhalten Sie für den Server einen umfassenden Bericht zu den Serverkomponenten und deren Zustand. In der Exchange-Verwaltungsshell sehen Sie welche Exchange-Komponente funktionieren (*Healthy*) und welche Dienste nicht funktionieren (*Unhealthy*). Auf Basis des Ergebnisses können Sie im Internet nach Fehlerbehebungen suchen.

Über die Microsoft-Seite *https://www.testexchangeconnectivity.com* testen Sie die Verbindung von Exchange-Servern mit dem Internet.

Häufig ist es notwendig den Exchange-Informationsspeicher oder einen anderen Dienst neu starten zu müssen. Dazu nutzen Sie *net stop msexchangeis* und *net start msexchsangeis*. In der Exchange-Verwaltungsshell verwenden Sie dazu *restart-service mesexchangeis*.

Nach dem Neustart von Diensten sollten Sie diese immer mit *test-servicehealth* testen. Das CMDlet kann die Systemdienste aber auch über das Netzwerk prüfen:

test-servicehealth -server <Servername>

In der Spalte *ServicesNotRunning* sind die Dienste zu sehen, die nicht gestartet sind. Über das Netzwerk können Sie Dienste auch starten lassen:

Invoke-command -computername <Servername> {start-services msexchangeis}

Danach können Sie mit *test-servicehealth* den Dienst erneut überprüfen.

```
[PS] C:\Windows\system32>invoke-command -computername x2k13sp1 {start-service msexchangeis}
WARNUNG: Warten auf Start des Diensts "Microsoft Exchange-Informationsspeicher (msexchangeis)"...
WARNUNG: Warten auf Start des Diensts "Microsoft Exchange-Informationsspeicher (msexchangeis)"...
WARNUNG: Warten auf Start des Diensts "Microsoft Exchange-Informationsspeicher (msexchangeis)"...
[PS] C:\Windows\system32>test-servicehealth -server x2k13sp1

Role                     : Postfachserverrolle
RequiredServicesRunning  : False
ServicesRunning          : {IISAdmin, MSExchangeADTopology, MSExchangeDelivery, MSExchangeIS,
                           MSExchangeMailboxAssistants, MSExchangeRepl, MSExchangeRPC, MSExchangeServiceHost,
                           MSExchangeThrottling, MSExchangeTransportLogSearch, W3Svc, WinRM}
ServicesNotRunning       : {MSExchangeSubmission}

Role                     : Clientzugriffs-Serverrolle
RequiredServicesRunning  : True
ServicesRunning          : {IISAdmin, MSExchangeADTopology, MSExchangeMailboxReplication, MSExchangeRPC,
                           MSExchangeServiceHost, W3Svc, WinRM}
ServicesNotRunning       : {}

Role                     : Unified Messaging-Serverrolle
RequiredServicesRunning  : True
ServicesRunning          : {IISAdmin, MSExchangeADTopology, MSExchangeServiceHost, MSExchangeUM, W3Svc, WinRM}
ServicesNotRunning       : {}

Role                     : Hub-Transport-Serverrolle
RequiredServicesRunning  : True
ServicesRunning          : {IISAdmin, MSExchangeADTopology, MSExchangeEdgeSync, MSExchangeServiceHost,
                           MSExchangeTransport, MSExchangeTransportLogSearch, W3Svc, WinRM}
ServicesNotRunning       : {}
```

In diesem Zusammenhang ist auch der Befehl *get-service *exchange* -Computername <Name des Servers>* interessant. Mit diesem Befehl überprüfen Sie in der PowerShell, ob Exchange-Dienste auf bestimmten Servern noch funktionieren oder gestoppt sind.

```
[PS] C:\Windows\system32>get-service *exchange* -ComputerName x2k13sp1

Status      Name                  DisplayName
Running     MSExchangeADTop...    Microsoft Exchange Active Directory...
Running     MSExchangeAntis...    Microsoft Exchange-Antispamupdate
Running     MSExchangeDagMgmt     Microsoft Exchange DAG-Verwaltung
Running     MSExchangeDelivery    Microsoft Exchange-Postfachtranspor...
Running     MSExchangeDiagn...    Microsoft Exchange-Diagnose
Running     MSExchangeEdgeSync    Microsoft Exchange EdgeSync
Running     MSExchangeFastS...    Microsoft Exchange-Suche
Running     MSExchangeFront...    Microsoft Exchange Frontend Transport
Stopped     MSExchangeHM          Microsoft Exchange-Integritätsdienst
Stopped     MSExchangeImap4       Microsoft Exchange IMAP4
Stopped     MSExchangeIMAP4BE     Microsoft Exchange-IMAP4-Back-End
Running     MSExchangeIS          Microsoft Exchange-Informationsspei...
Running     MSExchangeMailb...    Microsoft Exchange-Postfach-Assiste...
Running     MSExchangeMailb...    Microsoft Exchange-Postfachreplikation
Stopped     MSExchangeMigra...    Microsoft Exchange-Migrationsworkflow
Stopped     MSExchangePop3        Microsoft Exchange POP3
Stopped     MSExchangePOP3BE      Microsoft Exchange-POP3-Back-End
Running     MSExchangeRepl        Microsoft Exchange-Replikation
Running     MSExchangeRPC         Microsoft Exchange-RPC-Clientzugrif...
Running     MSExchangeServi...    Microsoft Exchange-Diensthost
Stopped     MSExchangeSubmi...    Microsoft Exchange-Postfachtranspor...
Running     MSExchangeThrot...    Microsoft Exchange-Einschränkungen
Running     MSExchangeTrans...    Microsoft Exchange-Transport
Running     MSExchangeTrans...    Microsoft Exchange-Transportprotoko...
Running     MSExchangeUM          Microsoft Exchange Unified Messaging
Running     MSExchangeUMCR        Microsoft Exchange Unified Messagin...
Running     SearchExchangeT...    Tracing Service for Search in Excha...
Running     vmickvpexchange       Hyper-V-Datenaustauschdienst
Stopped     wsbexchange           Microsoft Exchange Server Extension...
```

Outlook Web App-Dienste überprüfen

In der Exchange-Verwaltungsshell können Sie mit dem CMDlet *Test-OutlookWebServices* überprüfen, ob die notwendigen Exchange-Komponenten für OWA und Exchange-ActiveSync funktionieren. Erhalten Sie hier Fehler, können Sie auf diesem Weg die Lösung über eine Suche im Internet finden, da Sie genau die Komponente kennen, die nicht funktioniert.

```
[PS] C:\Windows\system32>test-outlookwebservices

Source                    ServiceEndpoint           Scenario                  Result    Latency
                                                                                         (MS)
x2k13sp1.toparis.de       x2k13sp1.toparis.de       AutoErmittlung: Outlook-Anb...  Success   5833
x2k13sp1.toparis.de       x2k13sp1.toparis.de       Exchange-Webdienste       Success   398
x2k13sp1.toparis.de       x2k13sp1.toparis.de       Verfügbarkeitsdienst      Success   3013
x2k13sp1.toparis.de       x2k13sp1.toparis.de       Offlineadressbuch         Failure   14919
```

Mit

get-clientaccessserver | test-outlookwebservices -identity <E-Mail-Adresse> -mailboxcredential (Get-Credential)

testen Sie den OWA-Zugriff einzelner Anwender. Funktionieren die Webdienste, funktioniert in den meisten Fällen auch Exchange-ActiveSync.

```
[PS] C:\Windows\system32>get-clientaccessserver | test-outlookwebservices -identity administrator@toparis.de -mailboxcre
dential (Get-Credential)

Cmdlet Get-Credential an der Befehlspipelineposition 1
Geben Sie Werte für die folgenden Parameter an:
Credential

Source                    ServiceEndpoint           Scenario                  Result    Latency
                                                                                         (MS)
x2k13sp1.toparis.de       x2k13sp1.toparis.de       AutoErmittlung: Outlook-Anb...  Success   252
x2k13sp1.toparis.de       x2k13sp1.toparis.de       Exchange-Webdienste       Success   75
x2k13sp1.toparis.de       x2k13sp1.toparis.de       Verfügbarkeitsdienst      Success   443
x2k13sp1.toparis.de       x2k13sp1.toparis.de       Offlineadressbuch         Success   189
```

Fehlerbehebung von Datenbank-Verfügbarkeitsgruppen (DAG) in der PowerShell

Funktioniert die Replikation Ihrer Datenbankverfügbarkeits-Gruppen nicht mehr, können Sie die Fehler in der Exchange-Verwaltungsshell näher eingrenzen. Dazu geben Sie den folgenden Befehl ein:

Get-MailboxDatabaseCopyStatus

Der Befehl zeigt alle Datenbanken, deren Replikationsstatus und die Länge der Replikationswarteschlange an. Mit *Test-ReplicationHealth* sehen Sie den Status der Replikation. Hier sehen Sie auch Fehler.

Mit der Umleitung *>c:\temp\fehler.txt* lassen Sie die Ausgabe in eine Textdatei umleiten. Im Skript-Verzeichnis von Exchange (standardmäßig *C:\Programme\Microsoft\Exchange Server\v15\scripts*) finden Sie das Skript *.\CheckDatabaseRedundancy.ps1*. Führen Sie dieses aus, werden die DAG-Datenbanken und deren Replikation überprüft.

Fehlerbehebung bei der Installation von Exchange-Updates, Servicepacks und neuen Servern

Funktioniert etwas an der Installation von neuen Updates oder Servern nicht, überprüfen Sie die Datei *ExchangeSetup.log* im Verzeichnis *C:\ExchangeSetupLogs*. Sie sehen hier sehr detaillierte Informationen. Geben Sie Fehlermeldungen in einer Suchmaschine ein, erhalten Sie in den meisten Fällen detaillierte Anleitungen um diese Probleme zu lösen. Die Protokolldatei können Sie auch während der Installation öffnen, wenn bestimmte Installationsschritte zum Beispiel zu lange dauern.

Überwachung im Exchange Admin Center

Im Exchange Admin Center finden Sie über *Verwaltung der Richtlinientreue\Überwachung* verschiedene Protokolloptionen und Berichte. Hier haben Sie auch die Möglichkeit die Überwachung der Postfachnutzung und die Überwachung von Administratoren zu konfigurieren.

Verwenden Sie diese Berichte, um Änderungen an Postfächern und Konfigurationseinstellungen zu suchen. Sie können bestimmte Arten von Änderungen suchen und die Ergebnisse in eine Datei exportieren, die an Sie oder andere Benutzer gesendet wird. Weitere Informationen

- Bericht für Nicht-Besitzer-Postfachzugriff ausführen...
  Suchen Sie in Postfachüberwachungsprotokollen nach Postfächern, für die Änderungen oder Zugriffe durch eine andere Person als den Besitzer vorgenommen wurden. Weitere Informationen

- Administrator-Rollengruppenbericht ausführen...
  Suchen Sie im Administratorüberwachungsprotokoll nach Änderungen an Rollengruppen, mit denen Benutzern Administratorrechte zugewiesen werden. Weitere Informationen

- Compliance-eDiscovery- und -Archivbericht ausführen...
  Suchen Sie im Administratorüberwachungsprotokoll nach Änderungen an Compliance-eDiscovery und -Archiven Weitere Informationen

- Bericht zu Beweissicherungsverfahren pro Postfach ausführen...
  Suchen Sie im Administratorüberwachungsprotokoll nach Benutzern, für deren Postfach das Beweissicherungsverfahren aktiviert oder deaktiviert ist. Weitere Informationen

- Postfachüberwachungsprotokolle exportieren...
  Suchen und exportieren Sie Informationen zum Nichtbesitzerzugriff auf ein Postfach. Weitere Informationen

- Administratorüberwachungsprotokoll anzeigen...
  Suchen Sie Informationen zu den Konfigurationsänderungen, die in Ihrer Organisation vorgenommen wurden, und zeigen Sie diese an. Weitere Informationen

- Administratorüberwachungsprotokoll exportieren...
  Suchen und exportieren Sie Informationen zu den Konfigurationsänderungen, die in Ihrer Organisation vorgenommen wurden. Weitere Informationen

Der *Administrator-Rollengruppenbericht* zeigt an, wann sich Berechtigungen in Exchange über die Zuordnung von Rollen geändert haben.

Über *Bericht für Nicht-Besitzer-Postfachzugriff* können Sie erkennen, welche Benutzer auf andere Postfächer zugegriffen haben, die nicht ihnen direkt zugeordnet sind. So erkennen Sie Administratoren, die auf Postfächer über die Exchange-Rechte zugreifen, ohne eigentlicher Besitzer des Postfachs zu sein. Damit der Befehl funktioniert, müssen Sie die Überwachung für die entsprechenden Postfächer aktivieren. Dazu nutzen Sie die Exchange-Verwaltungsshell.

Get-mailbox -Identity <Name des Postfachs" |fl AuditEnabled zeigt den Status der Überwachung an. Mit dem folgenden CMDlet aktivieren Sie die Überwachung:

Set-mailbox -Identity <Name des Postfachs" -AuditEnabled $true

Berechtigungen steuern Sie in Exchange über *Berechtigungen\Administratorrollen*. Hier sehen Sie welche Benutzer Rechte in der Organisation haben.

Verwaltungsrechte in der Exchange-VerwaltungsShell auslesen

In der Exchange-VerwaltungsShell können Sie überprüfen welche Rolle verschiedenen Benutzern zugewiesen ist. Dazu verwenden Sie:

Get-ManagementRoleAssignment -Role „<Name der Rolle>" -GetEffectiveUsers

Der Befehl zeigt an über welche Rollengruppenmitgliedschaft oder direkter Zuweisung, ein Benutzer Zugriff auf bestimmte Rechte hat.

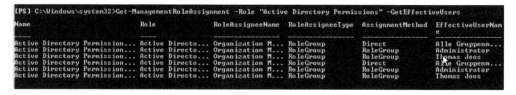

Wenn zum Beispiel ein Benutzer der Rollengruppen *OrganizationManagement* zugewiesen wurde, zum Beispiel im Exchange Admin Center über Berechtigungen, können Sie das in der Exchange-VerwaltungsShell einlesen. Sie können die Eingabe auch filtern, zum Beispiel nach bestimmten Benutzern:

Get-ManagementRoleAssignment -Role „<Name der Rolle>" -GetEffectiveUsers | Where /$_.EffectiveUsername -Eq „<Name des Benutzers>

Um sich alle Rechte eines Benutzers anzeigen zu lassen, verwenden Sie:

Get-ManagementRoleAssignment -GetEffectiveUsers | Where /$_.EffectiveUsername -Eq „<Name des Benutzers>

Auf diesem Weg erkennen Sie also sehr zuverlässig die Rechte von Benutzern und können Sicherheitslücken schließen.

Exchange-Datenbanken testen und reparieren

Funktionieren Exchange-Datenbanken nicht mehr, oder startet der Informations-Speicherdienst nicht mehr, nutzen Sie am besten das Befehlszeilentool *eseutil* für die Reparatur. Dieses können Sie in der Befehlszeile starten, Sie müssen dazu in keinen speziellen Pfad wechseln. Sinnvollerweise sollten Sie am besten in den Pfad der Datenbankdateien wechseln, die Sie testen wollen.

Eseutil kann nur auf Datenbanken zugreifen, die nicht bereitgestellt sind. Sie müssen die Datenbank also im Exchange Admin Center oder der Exchange-Verwaltungsshell unmounten, oder Sie beenden den Informationsspeicher-Dienst. In diesem Fall sind aber alle Datenbanken auf dem Server nicht mehr verfügbar.

Um sich einen Überblick der Datenbanken zu verschaffen, verwenden Sie zunächst die Exchange-Verwaltungsshell und den Befehl *get-mailboxdatabase*. Mit *get-mailboxdatabase | select name, Mounted* sehen Sie den Zustand der Datenbanken. *Get-mailboxdatabase -status* bietet noch mehr Informationen, zum Beispiel den Bereitstellungs-Status.

Mit

Get-mailboxdatabase -status | select Name, Mounted,
LastFullBackup,LaszIncrementalBackup,BackupinProgress

erhalten Sie Informationen zu Datenbanken und deren Sicherung. Den Zustand der Replikation in Datenbankverfügbarkeitsgruppen rufen Sie mit *get-mailboxdatabasecopystatus* auf.

Der Befehl zeigt Fehler auf. Wollen Sie nur einzelne Server testen, verwenden Sie *get-mailboxdatabasecopystatus -Server <Servername>*.

Um Datenbanken mit *eseutil.exe* zu prüfen, muss der Informationsspeicherdienst beendet sein, oder Sie müssen die Bereitstellung der Datenbank aufheben. Den Informationsspeicherdienst beenden Sie am schnellsten in der Befehlszeile mit *net stop msexchangeis*.

Danach können Sie die Datenbanken testen. Mit *eseutil /mh <Name der Datenbankdatei>* testen Sie die Konsistenz der Datenbankdatei.

```
C:\Program Files\Microsoft\Exchange Server\V15\Mailbox\Mailbox Database 17770211
07>eseutil /mh "MailBox Database 1777021107.edb"

Extensible Storage Engine Utilities for Microsoft(R) Exchange Server
Version 15.00
Copyright (C) Microsoft Corporation. All Rights Reserved.

Initiating FILE DUMP mode...
         Database: MailBox Database 1777021107.edb

DATABASE HEADER:
Checksum Information:
Expected Checksum: 0x9e65f749
  Actual Checksum: 0x9e65f749

Fields:
        File Type: Database
         Checksum: 0x9e65f749
   Format ulMagic: 0x89abcdef
   Engine ulMagic: 0x89abcdef
 Format ulVersion: 0x620,20
 Engine ulVersion: 0x620,20
Created ulVersion: 0x620,20
     DB Signature: Create time:07/02/2014 15:57:30.111 Rand:3193200404 Computer:

        cbDbPage: 32768
          dbtime: 425911 (0x67fb7)
           State: Clean Shutdown
    Log Required: 0-0 (0x0-0x0)
   Log Committed: 0-0 (0x0-0x0)
   Log Recovering: 0 (0x0)
  GenMax Creation: 00/00/1900 00:00:00.000
        Shadowed: Yes
      Last Objid: 1847
     Scrub Dbtime: 0 (0x0)
       Scrub Date: 00/00/1900 00:00:00
     Repair Count: 0
      Repair Date: 00/00/1900 00:00:00.000
  Old Repair Count: 0
   Last Consistent: (0x166,91,0)  08/18/2014 12:58:22.606
      Last Attach: (0x1,1,268)   07/02/2014 15:57:30.142
      Last Detach: (0x166,91,0)  08/18/2014 12:58:22.606
```

In der Zeile *State* sehen Sie den Status des Herunterfahrens der Datenbank. Steht hier kein *Clean Shutdown*, starten Sie den Informationsspeicher-Dienst neu und beenden Sie ihn noch einmal. Achten Sie darauf, dass Eseutil keine Fehlermeldungen anzeigt, und korrupte Bereiche der Datenbank meldet. Vor allem im unteren Bereich werden hier Fehler angezeigt, wenn welche vorhanden sind.

Um eine Datenbank zu überprüfen, verwenden Sie auch das CMDlet *New-MailboxRepairRequest*. Das CMDlet kann Datenbanken auch reparieren. Achten Sie aber darauf, dass für diesen Befehl die Datenbank bereitgestellt und der Informationsspeicher-Dienst gestartet sein muss. Eine Beispielreparatur sieht folgendermaßen aus:

New-MailboxRepairRequest -Database <Name der Datenbank> -CorruptionType SearchFolder,AggregateCounts,ProvisionedFolder, Folderview

```
[PS] C:\Windows\system32>New-MailboxRepairRequest -Database "Mailbox Database 1777021107" -CorruptionType SearchFolder,A
ggregateCounts,ProvisionedFolder,FolderView

Identity            Task              Detect Only        Job State        Progress

efeb7346-4f34-4b69-b... (SearchFolder, Aggre... False    Queued          0
```

Starten Sie danach eine weitere Überprüfung mit *eseutil /mh*. Allerdings darf auch hier die Datenbank nicht bereitgestellt sein. Ein weiterer Test ist *eseutil /g*. Damit testen Sie die Integrität der Datenbank.

```
C:\Program Files\Microsoft\Exchange Server\V15\Mailbox\Mailbox Database 17770211
07>eseutil /g "MailBox Database 1777021107.edb"

Extensible Storage Engine Utilities for Microsoft(R) Exchange Server
Version 15.00
Copyright (C) Microsoft Corporation. All Rights Reserved.

Initiating INTEGRITY mode...
        Database: MailBox Database 1777021107.edb
   Temp. Database: .\TEMPINTEG7884.EDB

Checking database integrity.

                    Scanning Status (% complete)

         0    10   20   30   40   50   60   70   80   90  100
         !----!----!----!----!----!----!----!----!----!----!
         ..................................................

Integrity check successful.

Operation completed successfully in 1.984 seconds.

C:\Program Files\Microsoft\Exchange Server\V15\Mailbox\Mailbox Database 17770211
07>
```

Der effizienteste Weg eine Datenbank zu reparieren, ist die Offline-Defragmentierung. Diese starten Sie mit dem Befehl *eseutil /d*. Bei diesem Vorgang werden auch leere Bereiche aus der Datenbank gelöscht und fehlerhafte Tabellen gelöscht. Der Vorgang kann allerdings mehrere Stunden dauern.

Nachrichtenverfolgung nutzen

Anwender können in Outlook Web App selbst das Versenden von Nachrichten überprüfen. Dazu verbinden sich Anwender mit Outlook Web und rufen die *Optionen* auf. Im Bereich E-*Mail organisieren* ist die Option *Zustellungsberichte* zu finden. Hier können Anwender die Nachrichtenverfolgung nutzen.

Die Einstellungen zur Nachrichtenverfolgung nehmen Sie im Exchange Admin Center über den Bereich *Server* in den Eigenschaften der Server vor. Im Bereich *Transportprotokolle* nehmen Sie die entsprechenden Einstellungen vor.

X2K13SP1

Allgemein	**Protokoll der Nachrichtenverfolgung**
Datenbanken und Database Availability Groups	☑ Protokoll für Nachrichtenverfolgung aktivieren
	Protokollpfad der Nachrichtenverfolgung:
	`C:\Program Files\Microsoft\Exchange Server\V15\Transpo` ✕
POP3	
IMAP4	**Konnektivitätsprotokoll**
Unified Messaging	☑ Konnektivitätsprotokoll aktivieren
DNS-Lookups	Konnektivitätsprotokollpfad:
Transportgrenzwerte	`C:\Program Files\Microsoft\Exchange Server\V15\TransportF`
Transportprotokolle	**Protokoll**
Outlook Anywhere	Protokollpfad senden:
	`C:\Program Files\Microsoft\Exchange Server\V15\TransportRole`
	Protokollpfad für Empfangsprotokoll:
	`C:\Program Files\Microsoft\Exchange Server\V15\TransportRole`

Letzte Anmeldezeit von Anwendern anzeigen und die Größe des Postfachs überwachen

Im Exchange Admin Center finden Sie in den Eigenschaften eines Benutzers bei Postfachnutzung die letzte Anmeldung des Benutzers und die Größe des Postfachs. Die Daten lassen sich aber auch in der Exchange-Verwaltungsshell anzeigen:

Get-MailboxStatistics <Name des Postfachs> |fl LastLogonTime

Fehlerbehebung in Office 365 - Erste Schritte

In der Weboberfläche von Office 365 finden Sie die Benachrichtigungen, die Sie über das Glockensymbol auf der Startseite sehen.

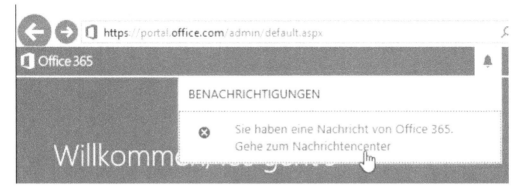

Genauere Informationen finden Sie im Nachrichtencenter. Hier sehen Sie welche Probleme es aktuell mit Office 365 gibt und wie sich diese auf Ihr Abonnement auswirken. Sie erhalten hier auch umfassende Anleitungen und Hinweise zur Problembehebung.

Besonders wichtig auf der Startseite ist der Link *Dienststatus nachverfolgen und Wartung*. Hier ist genau zu sehen, wann Microsoft Wartungsarbeiten durchführt, oder ob aktuell Dienste in Office 365 beeinträchtigt sind.

Klicken Sie auf eine Meldung, erhalten Sie auch hier weitere Informationen zur Wartung. Sie können sich die Seite zum Office 365-Dienststatus auch als Favorit ablegen und direkt starten lassen.

Servername kann nicht gefunden werden - Android-Probleme beheben

Vor allem auf Android-Systemen kann es passieren, dass bei der Einrichtung eines Office 365-Kontos der Servername für den E-Mail-Zugriff nicht funktioniert. In diesem Fall verwenden Sie als Servername: *outlook.office365.com*. Als Anmeldenamen verwenden Sie Ihre E-Mail-Adresse bei Office 365.

Der Server funktioniert auch bei anderen Anwendungen oder Smartphones/Tablets, die den Namen des Posteingangsserver nicht finden.

Microsoft Remote Connectivity Analyzer

Zur Problembehebung von Exchange und Office 365 ist das Online-Tool Microsoft Remote Connectivity Analyzer ideal. Sie starten es über die Seite *testconnectivity.microsoft.com*. Sie finden hier zahlreiche Werkzeuge um Probleme bei der Internetanbindung von Exchange und der Anbindung an Office 365 zu lösen.

Microsoft®
Remote Connectivity Analyzer

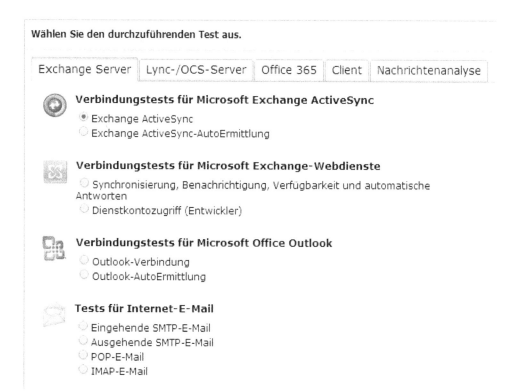

Wählen Sie den durchzuführenden Test aus.

| Exchange Server | Lync-/OCS-Server | Office 365 | Client | Nachrichtenanalyse |

Verbindungstests für Microsoft Exchange ActiveSync
- ⦿ Exchange ActiveSync
- ○ Exchange ActiveSync-AutoErmittlung

Verbindungstests für Microsoft Exchange-Webdienste
- ○ Synchronisierung, Benachrichtigung, Verfügbarkeit und automatische Antworten
- ○ Dienstkontozugriff (Entwickler)

Verbindungstests für Microsoft Office Outlook
- ○ Outlook-Verbindung
- ○ Outlook-AutoErmittlung

Tests für Internet-E-Mail
- ○ Eingehende SMTP-E-Mail
- ○ Ausgehende SMTP-E-Mail
- ○ POP-E-Mail
- ○ IMAP-E-Mail

Auf der Registerkarte *Office 365* finden Sie spezielle Werkzeuge für die Anbindung von Clients und der Verwendung eigener Domänen. Auch Hybridbereitstellungen lassen sich auf diesem Weg testen.

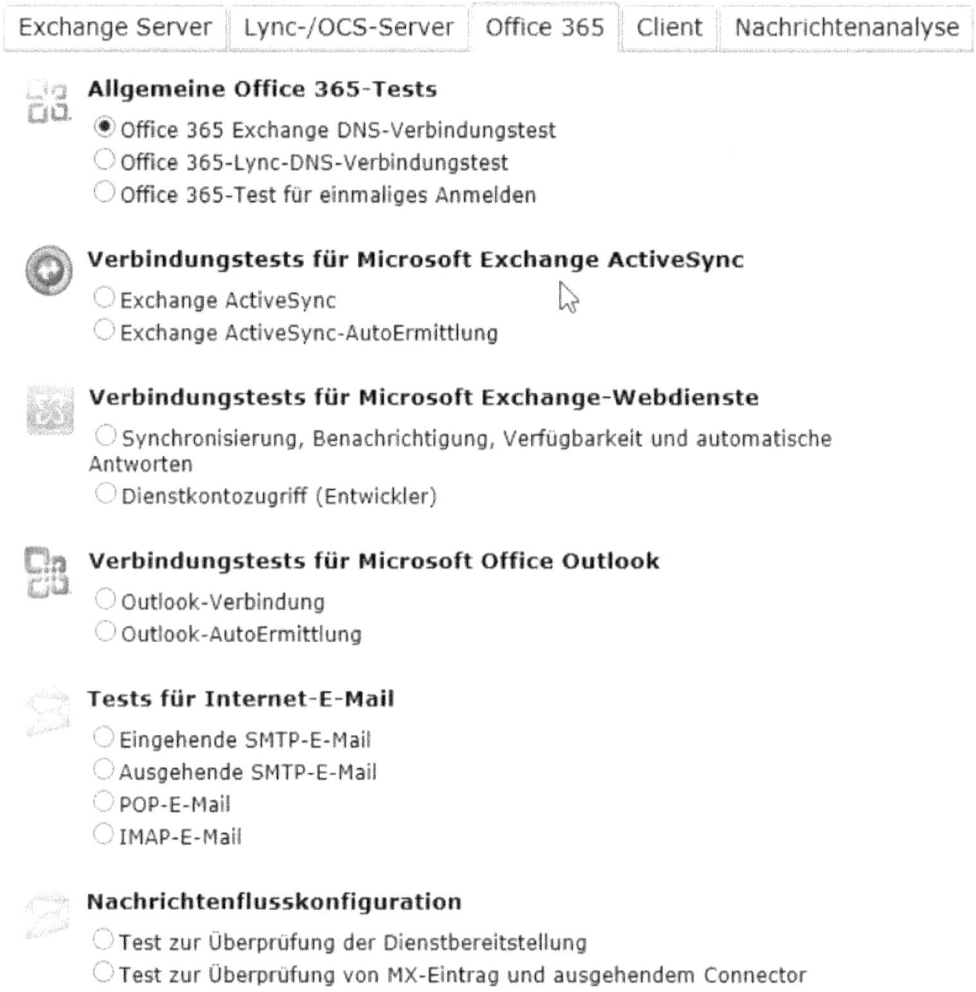

| Exchange Server | Lync-/OCS-Server | Office 365 | Client | Nachrichtenanalyse |

Allgemeine Office 365-Tests

- ● Office 365 Exchange DNS-Verbindungstest
- ○ Office 365-Lync-DNS-Verbindungstest
- ○ Office 365-Test für einmaliges Anmelden

Verbindungstests für Microsoft Exchange ActiveSync

- ○ Exchange ActiveSync
- ○ Exchange ActiveSync-AutoErmittlung

Verbindungstests für Microsoft Exchange-Webdienste

- ○ Synchronisierung, Benachrichtigung, Verfügbarkeit und automatische Antworten
- ○ Dienstkontozugriff (Entwickler)

Verbindungstests für Microsoft Office Outlook

- ○ Outlook-Verbindung
- ○ Outlook-AutoErmittlung

Tests für Internet-E-Mail

- ○ Eingehende SMTP-E-Mail
- ○ Ausgehende SMTP-E-Mail
- ○ POP-E-Mail
- ○ IMAP-E-Mail

Nachrichtenflusskonfiguration

- ○ Test zur Überprüfung der Dienstbereitstellung
- ○ Test zur Überprüfung von MX-Eintrag und ausgehendem Connector

Nutzen Sie eigene Domänen, können Sie nach der Einrichtung einen DNS-Verbindungstest durchführen. Bei diesem Vorgang werden alle notwendigen Komponenten für die DNS-Anbindung überprüft. Sie sehen nach dem Test eine Zusammenfassung, aber auch Details mit mehr Informationen. So lassen sich Fehler sehr schnell eingrenzen.

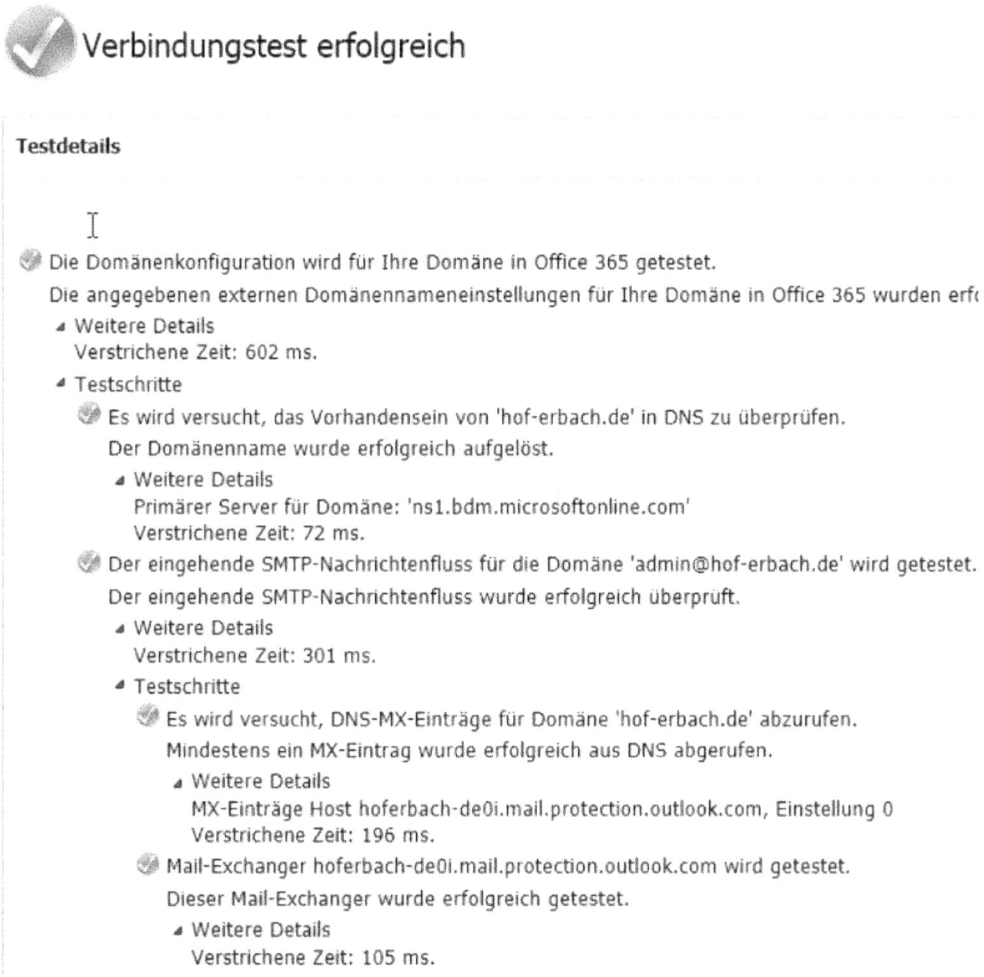
Verbindungstest erfolgreich
Testdetails
Die Domänenkonfiguration wird für Ihre Domäne in Office 365 getestet.
Die angegebenen externen Domänennameneinstellungen für Ihre Domäne in Office 365 wurden erf
Weitere Details
Verstrichene Zeit: 602 ms.
Testschritte
Es wird versucht, das Vorhandensein von 'hof-erbach.de' in DNS zu überprüfen.
Der Domänenname wurde erfolgreich aufgelöst.
Weitere Details
Primärer Server für Domäne: 'ns1.bdm.microsoftonline.com'
Verstrichene Zeit: 72 ms.
Der eingehende SMTP-Nachrichtenfluss für die Domäne 'admin@hof-erbach.de' wird getestet.
Der eingehende SMTP-Nachrichtenfluss wurde erfolgreich überprüft.
Weitere Details
Verstrichene Zeit: 301 ms.
Testschritte
Es wird versucht, DNS-MX-Einträge für Domäne 'hof-erbach.de' abzurufen.
Mindestens ein MX-Eintrag wurde erfolgreich aus DNS abgerufen.
Weitere Details
MX-Einträge Host hoferbach-de0i.mail.protection.outlook.com, Einstellung 0
Verstrichene Zeit: 196 ms.
Mail-Exchanger hoferbach-de0i.mail.protection.outlook.com wird getestet.
Dieser Mail-Exchanger wurde erfolgreich getestet.
Weitere Details
Verstrichene Zeit: 105 ms.

Auf lokalen Rechnern überprüfen Sie mit nslookup ob der Client generell eine Verbindung aufbauen kann. Auch Verbindungstests zu Exchange ActiveSync lassen sich an dieser Stelle durchführen. Bei diesem Test lassens ich auch einzelne Konten genau testen. Erscheinen hier Fehler, können Sie gezielt danach suchen und finden oft auf diesem Weg die Problemlösung.

⊿ Testschritte

Es wird versucht, alle Methoden zum Herstellen einer Verbindung mit dem AutoErmittlungsdienst zu verwenden.

Der AutoErmittlungsdienst wurde erfolgreich getestet.

⊿ Weitere Details
Verstrichene Zeit: 8971 ms.

⊿ Testschritte

Es wird versucht, die mögliche AutoErmittlungs-URL http://hof-erbach.de:443/Autodiscover/Autodiscover.xml zu testen.
Fehler beim Testen dieser potenziellen AutoErmittlungs-URL.

⊿ Weitere Details
Verstrichene Zeit: 379 ms.

⊿ Testschritte

Es wird versucht, den Hostnamen hof-erbach.de im DNS aufzulösen.

Der Hostname wurde erfolgreich aufgelöst.

⊿ Weitere Details
Zurückgegebene IP-Adressen: 65.55.171.194
Verstrichene Zeit: 107 ms.

Es wird getestet, ob TCP-Port 443 auf Host hof-erbach.de überwacht wird/geöffnet ist.

Der Port wurde erfolgreich geöffnet.

⊿ Weitere Details
Verstrichene Zeit: 128 ms.

Die Gültigkeit des SSL-Zertifikats wird überprüft.

Fehler bei mindestens einem Zertifikatüberprüfungstest für das SSL-Zertifikat.

Interkative Hilfe zu Office 365 nutzen

Microsoft stellt über die Internetseite http://community.office365.com/de-de/p/troubleshooting.aspx eine interaktive Internetseite zur Verfügung, mit der Sie nach Problemlösungen suchen können. Sie haben hier die Möglichkeit gezielt Fehler einzugrenzen und Fehler zu beheben.

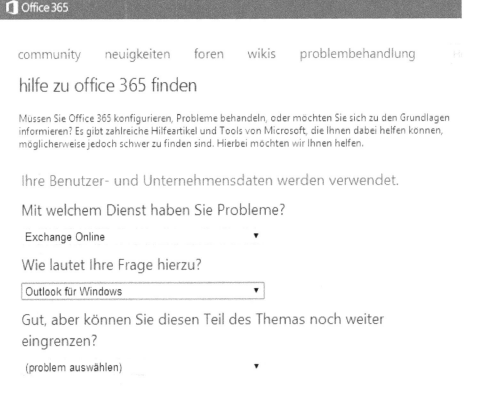

Der Link hilft auch Anwendern dabei Probleme mit Offic 365 zu beheben.

Outlook-Fehler bei der Anbindung an Office 365 und Exchange lösen

Funktioniert die Anbindung von Outlook 2013 an Office 365 oder Exchange nicht, erhalten Sie häufig umfassende Informationen, woran der Fehler liegt. Funktioniert bei der Autoermittlung die Anbindung an den Server nicht, verwenden Sie den Standardserver *outlook.office365.com* zur Anbindung.

In den Konteneinstellungen sollten Sie über *Weitere Einstellungen* auf der Registerkarte *Verbindung* überprüfen, ob die Option *Verbindung mit Microsoft Exchange über HTTP herstellen* aktiviert ist.

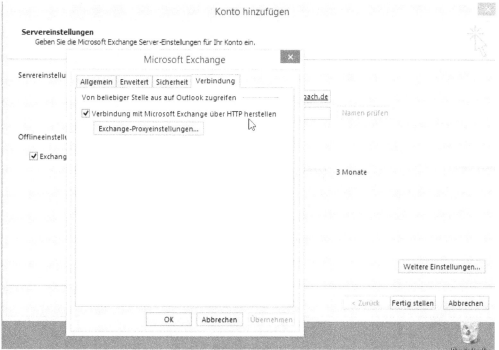

Über die Schaltfläche *Exchange-Proxyeinstellungen* können Sie noch Einstellungen ändern. Diese sollten so aussehen, wie in der nächsten Abbildung.

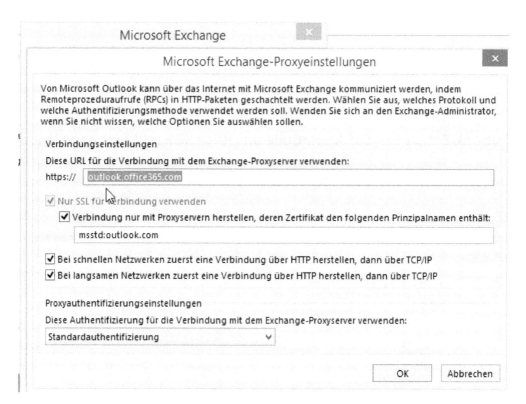

Wenn Outlook richtig verbunden ist, sehen Sie im unteren Bereich den Status der Anbindung.

Halten Sie die STRG-Taste gedrückt und klicken Sie das Outlook-Symbol im Traybereich mit der rechten Maustaste an, haben Sie verschiedene Testmöglichkeiten zur Auswahl. Hier können Sie den Verbindungsstatus anzeigen.

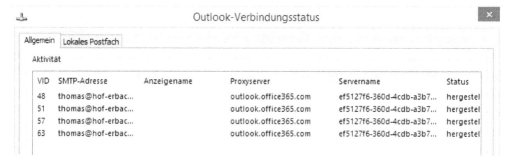

Hier sehen Sie auch die neue MAPI/HTTP-Verbindung, sobald diese in Office 365 aktiviert ist. In Exchange Server 2013 aktivieren Sie diese Option manuell. Achten Sie an dieser Stelle auch auf die Spalte *Anfr/Fehler*.

Outlook-Verbindungsstatus

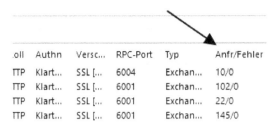

oll	Authn	Versc...	RPC-Port	Typ	Anfr/Fehler
TTP	Klart...	SSL [...	6004	Exchan...	10/0
TTP	Klart...	SSL [...	6001	Exchan...	102/0
TTP	Klart...	SSL [...	6001	Exchan...	22/0
TTP	Klart...	SSL [...	6001	Exchan...	145/0

An dieser Stelle sollten möglichst keine Fehler erscheinen. Eine weitere Option im Kontextmenü des Outlook-Icons ist der Test der Autokonfiguration. Hier erhalten Sie ebenfalls umfassende Informationen, die Sie bei Fehlern auch zur Suche im Internet nutzen können.

In den Kontoeinstellungen von Outlook, können Sie für Exchange/Office365-Kontos fehlerhafte Profile reparieren oder Einstellungen ändern. Interessant zur Fehlerbehebung ist der Punkt „E-Mail" in der Systemsteuerung. Hier können Sie bei Problemen neue Profile erstellen und testen, ob das alte Profil Probleme hat

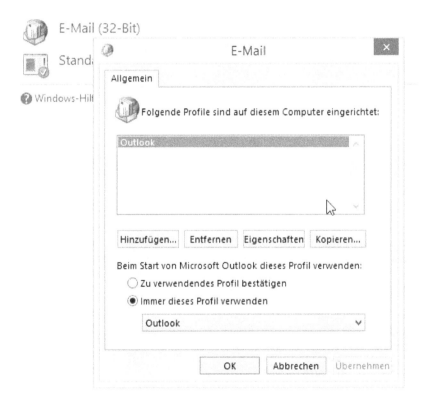

Funktioniert das neue Profil, löschen Sie das alte. Wenn auch das neue Profil keine Anbindung an Office 365 oder Outlook ermöglicht, bringt auch das Löschen des alten Profils nichts.

Microsoft-Verbindungsuntersuchungs-Tool

Über die Seite http://go.microsoft.com/fwlink/?LinkID=313782 laden Sie bei Microsoft das Outlook-Verbindungsuntersuchungstool herunter. Mit dem Tool können Anwender Verbindungsprobleme mit

Office 365 teilweise selbst beheben. Das Tool können Sie durchaus auch auf Rechnern installieren, die noch kein Problem mit Office 365 haben, das dann sofort zur Verfügung steht, wenn Anwender Probleme bei der Anbindung vermuten. Nachdem das Tool installiert ist, bietet es Assistenten zur Problemlösung. Ein Einführungsvideo ist hier zu finden: http://youtu.be/RaXMWdUDyq8.

Konnektivitätsdiagnose

Wählen Sie unten die Option aus, die das vorliegende Problem am besten beschreibt. Wir werden Tests ausführen, um Ihr Problem zu identifizieren.

Ich kann mich nicht bei Office Outlook anmelden

Ich kann keine E-Mails über mein mobiles Gerät senden oder empfangen

Ich kann mich auf meinem mobilen Gerät nicht bei Lync oder der Lync Windows Store-App anmelden

Ich kann keine E-Mails über Outlook senden oder empfangen (nur Office 365)

Ich kann die Frei/Gebucht-Informationen anderer Benutzer nicht anzeigen

Ich habe andere Probleme mit Outlook (nur in Englisch)

Ich kann den Verbund mit Office 365, Azure oder anderen Diensten, die Azure Active Directory verwenden, nicht einrichten.

Über den Assistenten werden Daten abgefragt, und der Anwender kann das Problem in vielen Fällen selbst beheben. Auf Basis der eingegebenen Daten überprüft das Tool die Anbindung an Office 365 und weist auf die Problemlösung hin. Die Ergebnisse der Überprüfung lassen sich auch Speichern. So kann der Anwender die Daten an einen Spezialisten schicken, der bei der Problemlösung helfen kann.

Microsoft Guided Walktrough - Lösungsansätze

Microsoft bietet für die Fehlerbehebung zur Anbindung von Outlook an Exchange oder Office 365 verschiedene Assistenten und Webseiten an, die Probleme analysieren und bei der Lösung helfen können. Die interessantesten Seiten in diesem Bereich sind:

- **Outlook Connectivity Guided Walkthrough** -
  http://support2.microsoft.com/common/survey.aspx?scid=sw;en;3601&showpage=1

- **Office365 Outlook Connectivity Guided Walkthrough** -
  http://support2.microsoft.com/common/survey.aspx?scid=sw%3ben%3b3547&showpage=1

- **Hybrid Environment Free/busy Troubleshooter** -
  http://support2.microsoft.com/common/survey.aspx?scid=sw;en;3526&showpage=1&viewp
  roduction=1

Die Links zu den Seiten finden Sie auch, wenn Sie nach dem Namen des Assistenten im Internet suchen.

Alle Seiten bieten Lösungsansätze zur Problembehebung an. Administratoren finden hier auch Lösungsansätze, wenn komplizierte Hybrid-Infrastrukturen vorliegen.

Microsoft Lync Connectivity Analyzer-Tool

Microsoft bietet auf der Seite http://go.microsoft.com/fwlink/?LinkId=278995 ein Tool für die Fehlerbehebung bei der Anbindung von Clientcomputern an Lync. An. Nachdem das Tool auf dem Rechner installiert ist, können Anwender selbst Verbindungsprobleme zu Lync zu lösen.

Im Fenster geben Sie bei *SIP URI* Ihre E-Mail-Adresse und bei Password das Kennwort ein. Den Rest können Sie belassen wie in den Vorgaben eingestellt ist. Danach wird eine Verbindung per Lync hergestellt. Auch hier können Sie wieder die Protokolldatei speichern und versenden.

Office Configuration Analyzer Tool (OffCAT)

Das kostenlose Tool OffCAT (http://www.microsoft.com/en-us/download/details.aspx?id=36852) hilft dabei, wenn Outlook auf einem Rechner fehlerhaft installiert ist und daher keine Anbindung an Exchange oder Office 365 erlaubt. Nachdem Sie das Tool gestartet haben, können Sie die Office-Programme installieren und Fehler anzeigen.

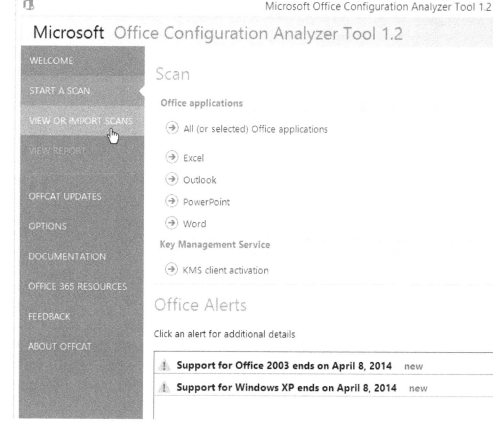

Für den Scanvorgang muss Outlook gestartet und an Office 365 angemeldet sein. Danach lässt sich die Konfiguration scannen. Nach dem Scanvorgang zeigt das Tool Fehler in den Office-Programmen an und wie Sie diese Probleme beheben können.

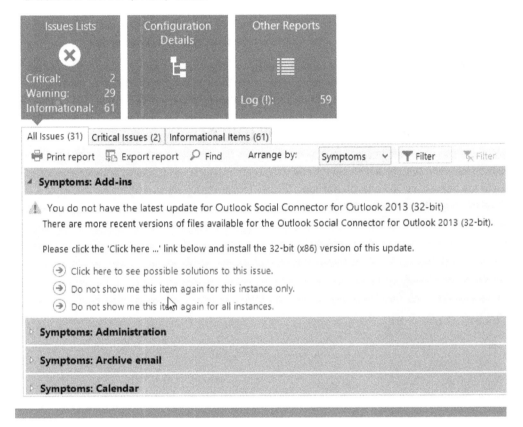

Über den Link *Office 365 Ressources* auf der linken Seite, erhalten Sie Links und Hinweise zu weiteren Tools, die beid er Problembehebung helfen können.

Office 365 Fast Track Network Analysis

Mit Office 365 Fast Track Network Analysis (http://em1-fasttrack.cloudapp.net/o365nwtest) führen Sie eine umfassende Verbindungsanalyse von Netzwerken an Office 365 durch. Diese Tools werden vor allem bei großen Netzwerken und Hybrid-Bereitstellungen genutzt. Sie benötigen für das Tool Java. Nach der Installation müssen Sie in Java noch die Unterstützung für Office 365 Fast Track Network Analysis konfigurieren.

Starten Sie den Selbsttest von Java auf der Java-Seite und stellen Sie sicher, dass die Erweiterung funktioniert. Rufen Sie danach das Verwaltungsprogramm *Configure Java* über die Startseite auf. Auf der Registerkarte *Sicherheit* fügen Sie jetzt noch die URL der Fast Track-Seite ein.

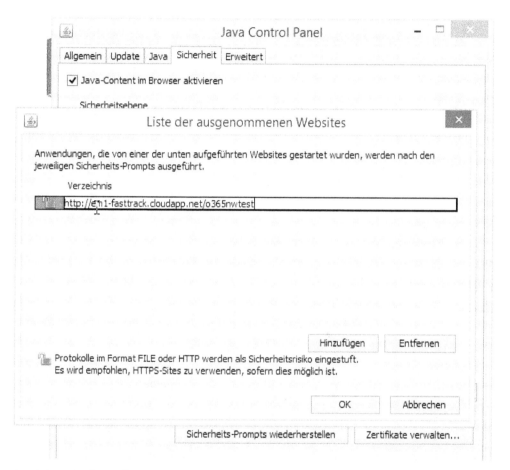

Bestätigen Sie die Ausführung der Seite. Testen Sie jetzt die Verbindung zu Office 365, lässt sich die Analyse-Seite starten. Im Fenster können Sie jetzt auf Basis Ihres Office 365-Abonnements Tests durchführen.

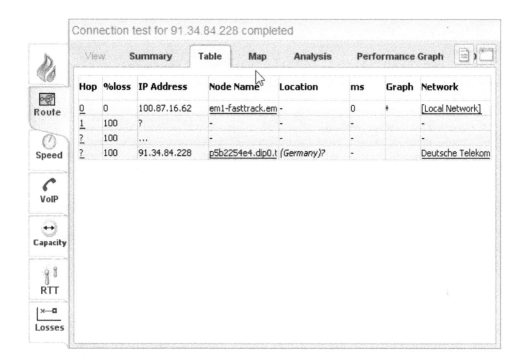

Virenangriffe auf Office 365 analysieren - Mail Protection Reports for Office 365

Mit dem kostenlosen Tool „Mail Protection Reports for Office 365 - Deutsch" (http://www.microsoft.com/de-de/download/details.aspx?id=30716) können Sie eine umfassende Analyse der Virenangriffe auf Office 365 durchführen.

Bei dem Tool handelt es sich um eine Excel-Tabelle. Diese verbindet sich mit Ihrem Office 365-Abonnement, liest die Daten ein und arbeitet diese auf. Für die Analyse muss auf dem Rechner Excel 2013 installiert sein sowie das .Net Framework 4.5.

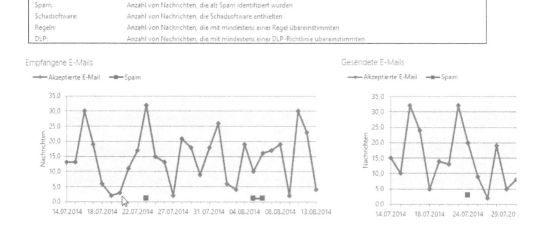

Exchange-Server mit System Center Operations Manager 2012 R2 überwachen

Exchange-Infrastrukturen überwachen Sie am besten mit SCOM 2012 R2. Dazu laden Sie das aktuelle Management Pack für Exchange herunter und installieren es auf dem SCOM-Server. Damit sich Exchange überwachen lässt, müssen Sie den Exchange-Server zunächst über den SCOM-Agent an SCOM 2012 R2 anbinden.

Bevor Sie das Management Pack für Exchange installieren, stellen Sie sicher, dass der E-Mail-Server generell im Bereich *Überwachung\Ermitteltes Inventar* in der SCOM-Konsole angezeigt wird.

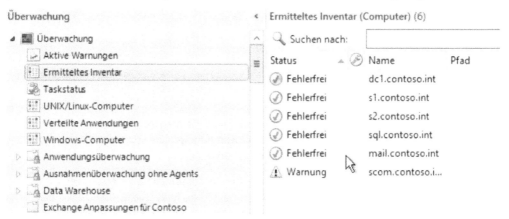

Wenn Sie das Management Pack für Exchange 2013 installiert haben, müssen Sie die Management Pack auf dem Server genauso importieren, wie andere Managament Packs. Dazu klicken Sie mit der rechten Maustaste auf *Verwaltung\Management* Packs und importieren die Dateien des Management Packs.

Damit Exchange-Server optimal überwacht werden können, müssen Sie aber noch Einstellungen vornehmen. Rufen Sie *Verwaltung\Verwalteter Agent* auf und klicken Sie mit der rechten Maustaste auf den Exchange-Server. Rufen Sie dessen *Eigenschaften* auf und aktivieren Sie auf der Registerkarte *Sicherheit* die Option *„Diesen Agent als Proxyagent zur Ermilltung verwalteter Objekte auf anderen Computern verwenden"*. Diese Option aktivieren Sie für alle Exchange-Server-Agenten in SCOM.

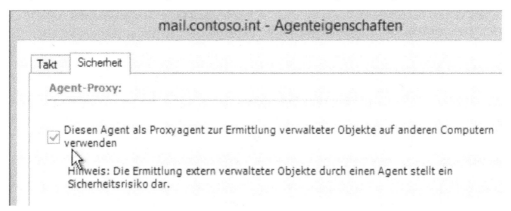

Nach einiger Zeit bindet der SCOM-Agent und das Exchange-Management Pack die einzelnen Serverdienste von Exchange an. Sie finden im Bereich *Überwachung\Microsoft Exchange Server 2013* die verschiedenen Optionen und Überwachungsmöglichkeiten von SCOM. Über *Organization*

Diagram sehen Sie Ihre Exchange-Organisation und alle überwachten Exchange-Server und -Komponenten. Im Management Pack können Sie sich in den Unterpunkten auch alle Exchange-Server basierend auf ihrer Rolle anzeigen.

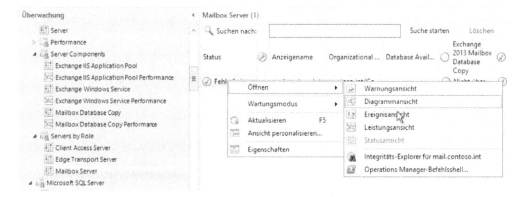

Neben den Management Packs für Exchange, sollten Sie auch die Management Packs für Active Directory, DNS und Windows Server 2012 R2 bei Microsoft herunterladen und installieren. Die Management Packs helfen dabei Exchange besser zu überwachen.

Auch das Management Pack für die Internetinformationsdienste sollten Sie bei Microsoft herunterladen und installieren. Die einzelnen Management Packs finden Sie, wenn Sie nach den Begriffen „Management Pack, SCOM 2012 R2" und dem Namen des jeweiligen Management Packs suchen.

Office 365 -Fehlerbehebung in der PowerShell

Office 365 können Sie auch mit der PowerShell verwalten. Dazu benötigen *Microsoft Online Services-Anmeldeassistent für IT-Experten RTW*. Achten Sie hier darauf die neuste Version einzusetzen und die Bitbreite Ihres Betriebssystems berücksichtigen. Danach laden Sie das Microsoft Azure Active Directory PowerShell-Modul aus dem Downloadcenter bei Microsoft herunter. Achten Sie darauf, dass der Anmeldeassistent und das PowerShell-Modul miteinander interagieren können.

Erhalten Sie eine Fehlermeldung, deinstallieren Sie den Anmeldeassistenten und installieren die neuere Version. Suchen Sie im Downloadcenter nach *„Microsoft Online Services-Anmeldeassistent für IT-Experten RTW"* und installieren Sie die neuste Version.

Um nach der Installation der beiden Komponenten eine Verbindung mit Office 365 aufbauen zu können, öffnen Sie die PowerShell und laden Sie das Modul mit *import-module msonline*. Mit dem CMDlet *connect-msolservice* melden Sie sich an Office 365 an. Danach können Sie Office 365 verwalten, Daten auslesen und Probleme beheben. Mit dem Befehl *get-command *msol** sehen Sie alle Befehle, die zur Verfügung stehen.

Get-msoldomain zeigt zum Beispiel die angebundenen Domänen an.*Get-msolrole* zeigt die Verwaltungsrollen in Office 365 an. Die Benutzer sehen Sie mit *get-msoluser*. Noch mehr Informationen sehen Sie mit *get-msoluser |fl*.

Get-msolsubscription zeigt Informationen zum Abonnement an. Auch *get-msolaccountsku* zeigt Informationen zum Office 365-Abonnement an. Ihre hinterlegten Firmendaten sehen Sie mit *get-msolcompanyinformation*.

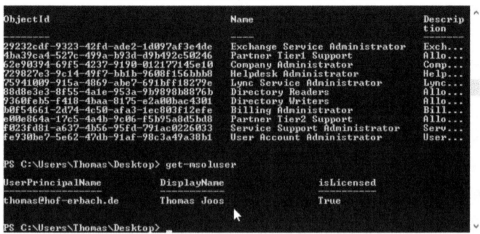

Office 365 mit System Center Operations Manager 2012 R2 überwachen

Sie haben die Möglichkeit das Office 365-Managementpack in SCOM 2012 R2 anzubinden und zukünftig mit der Überwachungslösung auch Office 365 überwachen. Nachdem Sie das Management heruntergeladen und installiert haben, starten Sie die SCOM-Konsole, in der Sie das Management erst anbinden.

Klicken Sie dazu auf *Verwaltung\Management Packs*. Klicken Sie mit der rechten Maustaste auf *Management Packs* und wählen Sie *Management Pack importieren*. Wählen Sie die entpackten Dateien des Management Packs aus und lassen Sie diese importieren.

Nach dem Import müssen Sie das Management Pack noch konfigurieren. Klicken dazu auf den neuen Menüpunkt *Office 365* ganz unten im Bereich *Verwaltung* der SCOM-Konsole. Klicken Sie danach auf *Add subscription* und verbinden Sie sich mit dem Office 365-Abonnement.

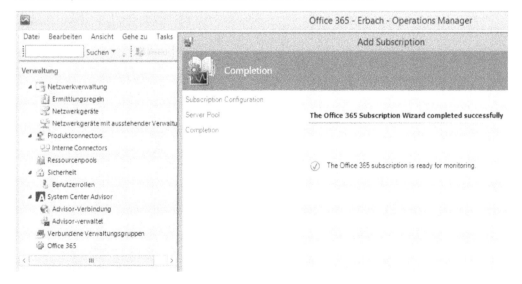

Nach der erfolgreichen Anbindung, finden Sie über Überwachung das neue Management Pack Office 365. Bis Daten angezeigt werden, kann es einige Stunden dauern. Hier unterscheidet sich Office 365 nicht von anderen Management Packs in SCOM 2012 R2.

Multi-Gesamtstrukturen zu Office 365 migrieren

Unternehmen, die Office 365 und Exchange Server 2013 parallel einsetzen wollen, oder die komplett zu Office 365 migrieren müssen, können mit Tools aus Exchange Server 2013 arbeiten. Microsoft hat den Hybridkonfigurations-Assistenten in Exchange Server 2013 verbessert. Mit diesem Assistenten verbinden Unternehmen ihre lokale Active Directory-Gesamtstruktur mit ihrem Office 365-Mandanten.

Mit dem SP1 bietet Microsoft aber die Möglichkeit mehrere Active Directory-Gesamtrukturen mit eigenen Exchange-Organisationen zu einem einzelnen Office 365-Mandanten zusammenzuführen. Bei diesem Vorgang können die einzelnen Exchange-Server bestehen bleiben, während nach und nach die Konten in die Cloud umgezogen werden.

Microsoft stellt für Hybridbereitstellungen auch Anleitungen in der TechNet (http://technet.microsoft.com/de-de/library/jj200581(v=exchg.150).aspx) zur Verfügung, über die Sie den Umstieg planen können. Microsoft geht auf diese Voraussetzungen auch in einem TechNet-Beitrag ein (http://technet.microsoft.com/de-de/library/hh534377(v=exchg.150).aspx).

Zunächst muss in jeder der beteiligten Gesamtstrukturen mindestens ein Clientzugriffserver mit Exchange Server 2013 SP1 oder neuer installiert werden. Besser ist der homogene Betrieb von Exchange, also die Bereitstellung von Exchange Server 2013 SP1 auf allen Servern in den verschiedenen Organisationen. Der Assistent für die Hybridbereitstellung wird von einem Clientzugriffserver aus gestartet.

Ein wichtiger Bereich bei Hybridbereitstellungen, sind die Zertifikate in den beiden Strukturen. Sie müssen in jeder Gesamtstruktur ein Zertifikat verwenden, welches von einer vertrauten Zertifizierungsstelle stammt. Es ist nicht möglich mit einem gemeinsamen Zertifikat zu arbeiten, welches in allen Gesamtstrukturen eingesetzt wird. Das Zertifikat, welches für die Hybridbereitstellung verwendet wird, muss sich von den anderen Zertifikaten unterscheiden.

Hybridbereitstellungen erfordern eine Synchronisierung mit dem lokalen Active Directory. Die Benutzer müssen zwischen den einzelnen Active Directory-Gesamtstrukturen und Office 365 synchronisiert werden. Hier können Sie entweder auf Microsoft Forefront Identity Manager (FIM) 2012 R2 oder besser auf Azure Active Directory Connector setzen. Mehr zu diesem Thema zeigt Microsoft in einem TechNet-Beitrag (http://technet.microsoft.com/library/dn510976.aspx).

Der Assistent zum Anbinden von Exchange zu Office 365 fügt der lokalen Organisation eine akzeptierte Domäne für die Hybridnachrichtenübermittlung und Anfragen der AutoErmittlung hinzu. Funktioniert an dieser Stelle etwas nicht, können Sie sich diese akzeptierte Domäne anzeigen lassen, indem sie den folgenden Befehl in der Shell ausführen:

Get-AcceptedDomain | fl DomainName, IsCoexistenceDomain

Active Directory testen und Fehler finden

Das erste und wichtigste Tool für die Analyse von Domänencontroller ist und bleibt *dcdiag*. Mit der Option *dcdiag /v* zeigt das Tool umfassendere Informationen an. Die Ausgabe sollte keine Fehler enthalten und wenn doch, sollten diese behoben werden.

Im nächsten Schritt sollte überprüft werden, ob die Domänencontroller auch den ihnen zugewiesenen Standort auflösen können. Dazu wird der Befehl *nltest /dsgetsite* verwendet. Wird hier der falsche Standort oder ein Fehler angezeigt, sollte eine weitere Überprüfung in Active Directory-Standorte und Dienste erfolgen.

Um eine Liste der Domänencontroller in der Domäne zu und festzustellen, ob die Server in Active Directory integriert sind, wird der Befehl *nltest /dclist:<Domäne>* verwendet. Hier sollten alle DCs erscheinen, am besten mit ihrem DNS-Namen.

Um den Replikationsverkehr zwischen den Domänencontrollern zu überprüfen, wird der Befehl *repadmin /showreps* verwendet. Hier sollte genau überprüft werden, ob sich alle Domänencontroller untereinander replizieren können.

Wer noch weiter gehen will, lädt sich bei Microsoft das kostenlose *Microsoft AD Replication Status Tool* herunter (http://www.microsoft.com/en-us/download/details.aspx?id=30005). Dieses zeigt die Replikation im Netzwerk in einer grafischen Oberfläche an.

Zu jeder Analyse gehört auch ein Test der Namensauflösung mit *nslookup*. Der Name der Domänencontroller und die IP-Adresse müssen fehlerfrei aufgelöst werden.

Um sich einen Überblick über alle Betriebsmaster einer Gesamtstruktur zu verschaffen, verwenden Sie den Befehl *netdom query fsmo* in der Eingabeaufforderung. Alle Server sollten verfügbar sein. Zusätzlich lassen sich die FSMO-Rollen auch mit *dsquery server -hasfsmo pdc | rid | infr | schema | name* abfragen.

Impressum

Thomas Joos

Hof Erbach 1

74206 Bad Wimpfen

E-Mail: thomas.joos@live.de

Verantwortlich für den Inhalt (gem. § 55 Abs. 2 RStV):

Thomas Joos, Hof Erbach 1, 74206 Bad Wimpfen

Disclaimer - rechtliche Hinweise

§ 1 Haftungsbeschränkung

Die Inhalte diesem Buch werden mit größtmöglicher Sorgfalt erstellt. Der Anbieter übernimmt jedoch keine Gewähr für die Richtigkeit, Vollständigkeit und Aktualität der bereitgestellten Inhalte. Die Nutzung der Inhalte des Buches erfolgt auf eigene Gefahr des Nutzers. Namentlich gekennzeichnete Beiträge geben die Meinung des jeweiligen Autors und nicht immer die Meinung des Anbieters wieder. Mit der reinen Nutzung des Buches des Anbieters kommt keinerlei Vertragsverhältnis zwischen dem Nutzer und dem Anbieter zustande.

§ 2 Externe Links

Dieses Buch enthält Verknüpfungen zu Websites Dritter ("externe Links"). Dieses Buchs unterliegen der Haftung der jeweiligen Betreiber. Der Anbieter hat bei der erstmaligen Verknüpfung der externen Links die fremden Inhalte daraufhin überprüft, ob etwaige Rechtsverstöße bestehen. Zu dem Zeitpunkt waren keine Rechtsverstöße ersichtlich. Der Anbieter hat keinerlei Einfluss auf die aktuelle und zukünftige Gestaltung und auf die Inhalte der verknüpften Seiten. Das Setzen von externen Links bedeutet nicht, dass sich der Anbieter die hinter dem Verweis oder Link liegenden Inhalte zu Eigen macht. Eine ständige Kontrolle der externen Links ist für den Anbieter ohne konkrete Hinweise auf Rechtsverstöße nicht zumutbar. Bei Kenntnis von Rechtsverstößen werden jedoch derartige externe Links unverzüglich gelöscht.

§ 3 Urheber- und Leistungsschutzrechte

Die auf diesem Buch veröffentlichten Inhalte unterliegen dem deutschen Urheber- und Leistungsschutzrecht. Jede vom deutschen Urheber- und Leistungsschutzrecht nicht zugelassene Verwertung bedarf der vorherigen schriftlichen Zustimmung des Anbieters oder jeweiligen Rechteinhabers. Dies gilt insbesondere für Vervielfältigung, Bearbeitung, Übersetzung, Einspeicherung, Verarbeitung bzw. Wiedergabe von Inhalten in Datenbanken oder anderen elektronischen Medien und Systemen. Inhalte und Rechte Dritter sind dabei als solche gekennzeichnet. Die unerlaubte Vervielfältigung oder Weitergabe einzelner Inhalte oder kompletter Seiten ist nicht gestattet und strafbar. Lediglich die Herstellung von Kopien und Downloads für den persönlichen, privaten und nicht kommerziellen Gebrauch ist erlaubt.

Die Darstellung diesem Buch in fremden Frames ist nur mit schriftlicher Erlaubnis zulässig.

§ 4 Besondere Nutzungsbedingungen

Soweit besondere Bedingungen für einzelne Nutzungen diesem Buch von den vorgenannten Paragraphen abweichen, wird an entsprechender Stelle ausdrücklich darauf hingewiesen. In diesem Falle gelten im jeweiligen Einzelfall die besonderen Nutzungsbedingungen.

Quelle: Impressum erstellt mit Juraforum.

www.ingramcontent.com/pod-product-compliance
Lightning Source LLC
Chambersburg PA
CBHW070859070326
40690CB00009B/1919